凡不能毀滅我的，必使我強大

脆弱心理學

Fragile Psychology

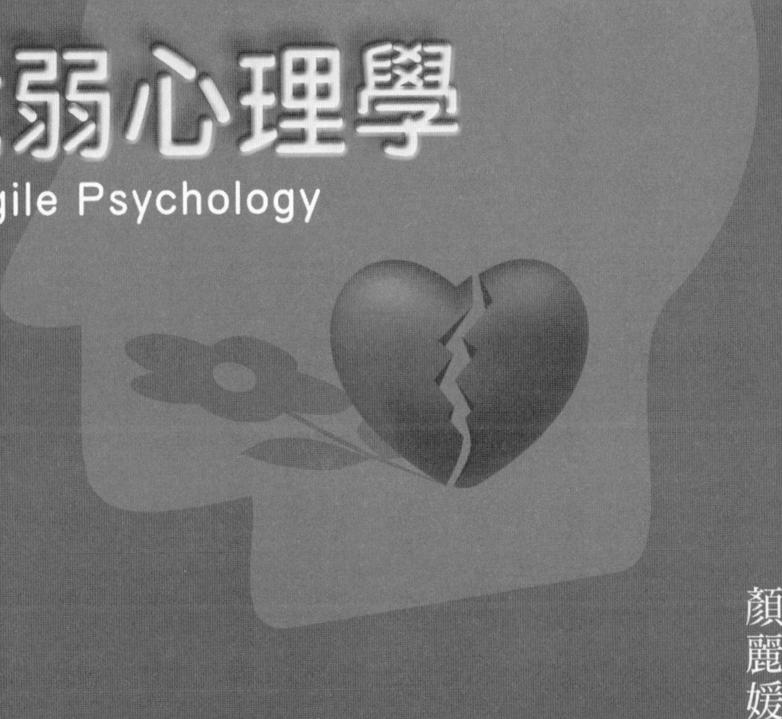

顏麗媛 著

前言　改變弱者思維

如果將熔化的玻璃滴入冰水之中，就會形成蝌蚪狀的「玻璃淚滴」，被稱為「魯珀特之淚」。這種玻璃有一種奇妙的屬性，「淚珠」能夠承受巨大的壓力，而稍微對尾巴施加一點壓力，整顆玻璃淚就會瞬間粉碎。對我們來說，每個人都是一顆「魯珀特之淚」，即使再強大的人，內心都存在著脆弱的一面。

脆弱的心理會使人們變得異常敏感，在外界各種資訊的刺激下，眾多負面情緒洶湧而至，以至於他們無力應對。於是，他們開始變得焦慮不安、患得患失，因過度的想像而感到恐懼，因封閉自己而變得消極，因無法滿足自身的需求而變得易怒……這一切，都是脆弱衍生出的消極情緒。就像電影《華爾街之狼》所演繹的一樣，他們只是一群捕獵者，完全喪失了一個人原本的感性與認知，憑藉著藥劑、毒品度過人生的難關。他們粗鄙、暴躁、不知廉恥。然而，對於這一切，他們一無所知。

我們總是認為展示自己脆弱的一面是一種怯懦的表現。在面對他人時，為了掩飾內心的脆弱，我們都會習慣性地戴上一副完美的面具。其實，一個人的笑容背後往往是不為人知的酸楚，堅強的外衣下藏著脆弱的心靈。只不過，大多數人早已將悲傷情感的表達設置成了靜音模式。被他人照顧在我們眼中是一件羞恥的事情，每個人都在盡力展示「所有問題自己扛」的獨立，卻只敢在深夜裡獨自體會內心的脆弱和悲傷。我們認為「報喜不報憂」是一種成長，殊不知真正地接受和包容自我才是我們該有的成熟。

一個人的內心為什麼會感到脆弱？其根源在於遭受的苦難所留下的心理創傷。心理學上將心理創傷分為兩種：一種是天災人禍導致的急性創傷；另一種是長期的不堪經歷導致的隱形創傷。前者指的是親人離世、性侵、霸凌等，令人難以接受的場景；後者指的是過往的經歷不知不覺中留下的陰影，就像被拋棄的經歷導致缺乏安全感、被忽視的經歷形成的取悅症、因不斷失敗而出現的習得性無助等。而這些心理創傷已成為我們的一部分，時刻影響我們的生活。

如果我們想要變得真正強大起來，就要敢於面對脆弱，不再逃避，不再偽裝，不再為自己構建一個虛假的自我。一個人偶爾的脆弱，能夠讓別人從心理上感受到他真實的一面，從而令他人降低壓迫感，拉近雙方的心理距離，能夠贏得更多人的喜愛。所以，我們要告訴所有人：我們會犯錯，會沮喪，會有無能為力的時候，我們也需要用眼淚治癒心理的創傷。有時候，當我們卸下自己的面具，敢於展示自己的脆弱時，他人也會因我們的脆弱而感覺我們的真實，也非常願意與我們交往。

你的思維模式決定了你的行為。香港作家素黑曾說：「受害者最大的傷口不是被傷害，而是不肯放下受害者的角色，寧願浸淫在痛苦和自憐的心理惰性中，被負面思想侵佔理智和心胸。」而這就是「受害者思維」，也是一種典型的「弱者思維」。當我們出現這種思維模式時，會自覺地將自己看成一個受害者，通過肯定自己的無辜，推卸責任。但是，這些弱者思維只會讓你沉浸在現實的痛苦之中，而這個世界並不會為你的脆弱、你難以控制的情緒買單。所以，只有改變你的弱者思維，你才能坦然地面對你的人生。

當一個人遭受挫折時，在心理層面就會形成自己的應對策略，這就是心理防禦機制。它的目的在於幫助人們在面對失敗和挫折時減輕壓力，恢復心理平衡。然而，脆弱背後的心理防禦機制，會將我們引入一個誤區：通過各種方式緩解因內心脆弱而產生的壓力，不僅對現實毫無裨益，還會讓我們一葉障目，任由事端繼續惡性發展。當我們因這些心理防禦機制而感到自足時，就很容易出現退縮、恐懼等心理疾病。

對待脆弱，我們習慣遮遮掩掩，殊不知正面積極的脆弱，不僅能對相互慰藉、加深彼此之間關係起到至關重要的作用，還能夠通過內心的脆弱而提升自己的行動力。當你生氣的時候，你可以化生氣為動力，增強我們面對任何事情的勇氣；當你孤獨的時候，你可以享受孤獨，和自己的心靈對話，讀懂自己的內心從而認清自己，在孤獨中成就最好的自己；當你產生忌妒時，是因為你察覺到了自己與對方在能力或其他方面存在著差距，從而激勵自己不斷地努力和完善……

也許，沮喪、絕望、無助等體驗都會在某個時刻與自己不期而遇。只有接納內心的脆弱，才能真正變得強大，承認自己的脆弱，不是認輸，更不是妥協，而是讓自己喘一口氣，積蓄力量去實現更大的目標。

目錄
Contents

目錄

Contents

目錄
Contents

第一章 脆弱的陰暗面

焦慮不安

我們無論處於哪一個年齡階段，都會出現一定程度的焦慮情緒。臨近畢業時，為擇業和生存而焦慮；參加工作後，為自己的職業發展而焦慮；單身時，為以後的情感生活而焦慮……快節奏的工作和生活總會在無形中加重人們的焦慮感，使他們內心煩躁，無法專注於工作和生活。

溫雅是一名高中學生，家境殷實。她的家人很關心她，經常到學校去看望她，給她帶一大堆營養品，叮囑她好好學習，一定要考上大學，為家族爭光。

家人的期望給她造成了巨大的壓力，導致她上課時注意力不集中，容易分心，經常擔心如果自己考不上大學，丟盡家人的臉。於是，為了順利考上大學，她整天都在為如何學習才能考出好成績而焦慮不安。這種焦慮不安的情緒在考試的時候尤為明顯，她總是擔心自己會比別人考得差。正因為這種焦慮，她在考試中的緊張感不斷增加，導致每次考試的成績都不理想，而這使得她更加焦慮不安。

從心理學角度分析，產生焦慮的原因有很多。比如，太過在意外界的評價、內心的完美主義、對不確定的未來的恐懼等。然而，從深層次考慮，其實焦慮源於一個因素：內心的脆弱。

當一個人太過在意他人對自己的評價時，就會讓這些評價成為無形的枷鎖，而無法傾聽自己內心真正的聲音。比如，一個女孩特別喜歡物理，考試成績也經常名列前茅，可當她聽到老師說「男孩子的邏輯思維一般要優於女孩子，等以後女孩子學到更為複雜的知識後，就會落後於男孩子」時，這句話就像魔咒一樣每天縈繞在耳邊，以至於她在後續學習物理的過程中，時常擔心自己的成績下降，從而焦慮不安。她不敢真正地審視自己，反而渴望通過他人的認可與讚美來證明自己的強大，這正是內心的脆弱所導致的結果。

完美主義導致的焦慮也是如此。任何人都不可能在所有方面盡善盡美。當你無法駕馭完美主義的思想時，它就會反過來駕馭你。社會心理學家謝洛姆•施瓦茨曾以價值觀為標準，將人分為最佳選擇者和知足者。最佳選擇者會拚盡全力，以獲得一個最好的結果；知足者只要選擇一個能夠達到標準的結果，就會覺得滿足。最佳選擇者花費了大量的時間和精力獲得的結果要遠遠優於知足者，然而，他們時常對自己獲得的結果感到不滿意，從而焦慮不安。與在意他人評價的人不同的是，外界的資訊刺激雖然不能對完美主義者產生太大的影響，但是他們需要通過近乎完美的成就或人格才能認可自己，而這種心態往往更容易導致焦慮，甚至是抑鬱。

考試、面試等事情經常會令人產生焦慮情緒，這是因為對於那些不確定的事情，我們往往會不斷猜想可能發生的後果。我們擔心明天，又會在明天擔心後天，以至於不斷焦慮下去。然而，明天的不確定因素太多了，你根本就不知道明天究竟會發生什麼。**計畫趕不上變化，我們與其一直因為未發生的事情焦慮，讓自己活得如此之累，不如就好好地活在今天。**

所以，當我們出現焦慮情緒後，不要讓自己深陷在與焦慮的糾結與對抗中，要學會正確看待焦慮，直面內心的脆弱。如果不敢直面問題，又何談去解決問題呢？在面對生活中出現的各種焦慮情緒時，我們應該放鬆自己的身心，坦然面對生活的不如意，讓脆弱的心靈不至於被突如其來的壓力打倒。堅強一點，你才不會被生活擊敗。只有內心堅強和篤定，才能使自己變得強大起來。

患得患失

現實生活中存在這樣一類人，他們無論做什麼事情，都需要反覆分析利弊，將方方面面都計畫周全。但在完成之後，他們又會變得憂心忡忡，擔心出現某種意外，而且極其看重他人對自己的評價，計較個人的得失，心中不得片刻安寧。這種心態就是典型的患得患失。

患得患失從字面上講，是指害怕得不到，得到了又害怕失去的狀態。從心理學角度來講，患得患失的心理，是由於內心無法接納現實與理想所存在的差距而導致的。我們的內心渴望呈現一個具有強大能力的形象，但是在現實中，我們無法達到這種自身期望。這時，當我們在面對某件事情時，我們的主觀意識會認為自己應該去行動，而潛意識會因擔心付出了行動卻無法得到回報，從而終止我們的行動。當主觀意識與潛意識不統一時，我們就會出現這種在進退之間猶豫不決的狀態，也就是患得患失。

心理學上有一個「布里丹毛驢效應」。法國哲學家布里丹買了一頭小毛驢，他每天都要向附近的農民買一堆草料來餵養毛驢。有一天，向布里丹出售草料的農民出於對他的敬仰，額外多送了一堆草料。當毛驢站在兩堆相同的草料之間，牠始終無法辨別哪一堆比較好，於是，牠就一直站在原地，一會兒考慮數量，一會兒考慮顏色，猶豫不決，最終活活餓死了。這就是患得患失帶來的結果，因糾結於取捨而什麼也無法得到。患得患失的心理會使人在精神上憂慮過度，導致神經衰弱，出現焦慮、煩躁、失眠等症狀。

患得患失的心理是一個人成長路上的精神枷鎖，是籠罩在人的心頭揮之不去的陰影，讓人們在本該功成名就時錯失良機，在本該及時止損時深陷泥潭。當我們總是擔心自己會失去什麼時，我們就什麼也無法得到，因為不想放棄任何舊的事物，所以無法收穫新的事物。正如哲學家叔本華所說：「人生是在痛苦與無聊、欲望與失望之間搖晃的鐘擺，永遠沒有真正滿足、真正幸福的一天。」

一個人考慮得越多，就越容易出現患得患失的心理。就像創業一樣，在創業之初，我們的處境雖然十分艱難，但不會糾結於得與失，因為我們本來就一無所有。然而，當我們取得一些成績、獲得一定的資本之後，就很容易變得猶豫不決，出現患得患失的心態。我們會擔心失敗，擔心以往的一切努力都付之東流，被已經攥在手中的資本束縛。而且，在擔憂的同時，我們又會期望自己做出正確的選擇，在這種矛盾的心理下，不斷糾結、不斷權衡，直到錯失良機。

奧納西斯是世界上著名的希臘船王，他的成功主要得益於果斷的決策能力。有一次，世界爆發了經濟危機，百業蕭條，海上運輸業也未能倖免。奧納西斯和朋友聽說加拿大的國營鐵路公司為了度過危機，打算拍賣家當，其中有幾艘曾經價值兩百多萬美元的貨船，僅僅以兩萬美元的價格進行拍賣。

奧納西斯的朋友對這幾艘貨船的態度不是很明朗，他認為這是一個發展的契機，卻又擔心蕭條的經濟狀況會使這些貨船毫無用武之地，白白消耗自己的資金。的確，當時的海上運輸業異常慘澹，一些老牌的海運企業都紛紛選擇了轉行，然而奧納西斯沒有猶豫，果斷決定，前往加拿大買下被拍賣的貨船。

在很多人眼中，奧納西斯無疑是一個瘋子，白白地將大把的鈔票撒向大海，而一些朋友則勸告他不要做這一樁生意，但奧納西斯並沒有因為他人的勸告而動搖。事實證明，他是對的，經濟危機之後海運業迅速回暖，奧納西斯的身價驟然增加，成了希臘海運業的一大巨頭。

喬夫曾說：「不急功近利，不患得患失，堅定不移地奠定基礎、創造條件，自會有妙手偶得的樂趣。」所以，我們要明白**對某些事情來說，過程遠比結果更為重要，只要盡了自己最大的努力，無愧於心即可**。

其實，無論什麼樣的生活，都會存在得與失、成與敗，人生就是因為這種無常才變得精彩。我們在面對得與失時，要懂得正視它們，世間萬物本就來去無常，得到的時候我們要懂得珍惜，失去的時候也不需要無所適從。正所謂「舊的不去，新的不來」，一個人失去的多，收穫的也就越多。如果總是沉浸在患得患失的狀態中，猶豫不決，只會白白耗費自己的人生。

無力感

很多人都有過這樣的體驗，無論做什麼樣的事情，付出多少努力，都無法達到自己的預期。甚至，有些人會因為這種無力感而變得消極厭世，認為即使自己再怎麼折騰，也無法過上自己想要的生活。在他們眼中，縱使一生辛勤耕耘，所期待的那些美好似乎也不會開花結果。

我們不得不承認，無力感是一種極其痛苦且危險的心理體驗。它在一定程度上會打擊一個人的積極性，甚至會使人深陷無力感之中，從此一蹶不振。就像村上春樹在《1Q84》中所說：「慢性的無力感是會腐蝕人的。」

一九六七年，美國的心理學家馬丁・塞利格曼做了一項實驗。他將一條狗關進了籠子，並在籠子上安裝了一個蜂鳴器。只要蜂鳴器發出聲音，他就會對狗實行難以承受的電擊。而由於籠子的束縛，狗只能在聽到蜂鳴器響後，接受來自外界的電擊，發出慘叫。

經過多次實驗，當蜂鳴器發出聲音後，他並未對狗進行電擊，而是選擇將籠門打開。令人感到意外的是，狗並沒有選擇逃出籠子，而是在電擊出現之前就已經開始呻吟和顫抖，表現出一副即將遭受電刑痛苦的樣子。狗本來是能夠主動逃避電刑的，但以往的慘痛經歷，讓牠放棄了嘗試，並絕望地等待著痛苦的到來。

馬丁・塞利格曼將這種心灰意冷、坐以待斃心理狀態稱為「習得性無助」。隨後的實驗證明了這種習得性無助也會出現在人的身上。當一個人一再努力都無法收穫成功時，他就會認為整個世界都在與自己作對。不然，為什麼自己一次次的努力和嘗試都無法得到想要的結果，哪怕是一個微不足道的願望都無法實現？

每一次的失敗，都會給一個人帶來或多或少的挫敗感，會消磨他一往無前的勇氣和自信。在長期的積累下，即使這種挫敗很小，也會導致他認為自己的力量根本不足以改變所面對的一切。於是，他便喪失了鬥志，陷入深深的無力感中，進而放棄所有的努力和行動。

在日常生活中，我們經常會見到一些令人感到無力的例子。比如：一個孩子，乖巧聽話，而且學習成績優異，但他沒有獲得父母的喜愛和認同；一名員工在工作崗位上兢兢業業，早出晚歸，但是，長期加班加點的工作既沒有使他的業績提高，也沒有使他得到老闆的重視和提拔……

當一個人再次面對令自己感到無力的事時，他們會焦慮和恐懼。他們一方面渴望突破，掙脫長期困擾自己的無力感；另一方面卻在行為上不斷撤退和逃避。這就是由於長期的挫敗感在他們心中已紮根，逐漸腐蝕了內心的自信和勇氣。脆弱的內心使他們感受到自身的無力，避免因再次失敗使自己變得更加無助，便死守著無力改變的結局。不斷的失敗將他們拖進了致命的非理性思維陷阱。

當習得性無助出現之後，他們面對令自己感到無助的事物，會秉持一種持續性的畏懼態度。比如「我這一輩子就這樣了」「我根本解決不了這種麻煩」「我再也不相信愛情了」等。如果我們能夠意識到，自己所面臨的失敗只是暫時的，烏雲終將散去，那我們就不會一直陷在「徒勞無功」的無力感中，**心理學家塞利**

格曼曾說：「樂觀的人傾向於把麻煩解釋為短暫的、可控的，並且是針對某一特定情況的；悲觀的人正好相反，他們相信眼前的麻煩會持續永遠，破壞他們所做的所有事，並且是不可控的。」

如果一個人長期遭受失敗和打擊，他很大程度上會將這種無力感擴散到任何事物上，心理學上稱其為「泛化」。這種「泛化」帶來的無力感會嚴重影響他們的正常工作和生活，原本只需要付出少許努力的事情，也會在他的眼中變成艱巨的任務。比如，如果一個人長期在工作上遭受打擊和挫折，那麼他就會將工作上的無力感泛化到家庭和人際關係上，從而使家庭關係或人際關係變得越發疏遠和惡化。

有些無力感源自錯誤的歸因方式，當你將所有的挫折與失敗全部歸咎於自己，你就會對自身的能力產生懷疑。長此以往，你便會在這種錯誤的認知下，不斷打擊自己的自信心，越來越感到無力。**心理治療師薩提亞曾說：「要將所有的負面資訊當作對自身行為的評價，而不是對自身價值的評價。」**一旦盲目地將失敗的原因歸結到自己身上，會從根本上降低一個人的自我價值感，從而使他放棄希望，坐以待斃。

所以，我們一定要保持一種積極的心態。當我們產生無力感時，儘量多回憶一下以往的成功和榮耀，從而使自己充滿信心，勇敢前行。

恐懼

恐懼情緒是人類的一種心理本能，對人的生存與發展能夠起到適應性作用。進化心理學家指出，當原始人類在遭遇危險時，就會產生恐懼情緒，從而幫助他們避開危險。如果我們感受不到恐懼，就無法做出逃避的行為，而使自己受到傷害。所以，恐懼也可以看作一種趨利避害的自我防禦機制。

美國作家霍華德・洛夫克拉夫特曾在《文學中的超自然恐怖》中寫道：「人類最古老而強烈的情感就是恐懼，而最古老而強烈的恐懼，則源自未知。」

確實，從心理學角度分析，恐懼的產生就是源自事物的未知性。心理學家弗里茨認為：「當人們在生活中習以為常的事物發生改變或失去依靠時，就會產生恐懼感。」對於各種各樣的事物，人們的大腦中會為之建立相應的模型，而建立的基礎在於自我接觸或他人分享的資訊，比如父母警告我們遠離火焰或開水等帶有高溫的物體。但是，當一個新事物出現時，我們的認知中沒有與之相對應的模型，就無法憑藉以往的經驗來應對這種新的事物，於是，恐懼感就此產生。

比如，一個人缺乏社交經驗，當他與陌生人接觸或需要當眾回答問題時，就會由於過度緊張而出現動作拘謹、語無倫次等現象。然而，在日常生活中，他可以表現得遊刃有餘，這種恐懼的情緒只發生在一些正規的場合。這就是因為我們對未知產生了恐懼，從而不能正確判斷和控制自己的舉止。

過度的想像也是產生恐懼的原因之一。比如，在電影《異形》中，伴隨著令人恐懼的音樂，主人公一個接一個地死去，而「異形」遲遲沒有出現，於是，觀眾內心的恐懼不斷加深。直到電影最後一刻，面目猙獰的「異形」才出現在觀眾面前，然而，見到「異形」的那一刻，觀眾才發現原來它並沒有想像中的可怕。所以，與其說我們恐懼事物本身，不如說我們只是陷入了過度想像的恐懼之中。

如果過度的想像中出現了負面聯想，那這種想像會迫使我們在面對某種情境時，一直幻想最糟糕的結果即將出現，從而將自己拖進恐懼的惡性循環中。比如，如果你對在眾目睽睽之下表演感到緊張，甚至恐懼，一旦你開始幻想自己表演失誤或遭到觀眾嘲笑的場景，這種對登台表演的恐懼就會加深，使你變得更加焦慮和緊張。然而，這種恐懼只是來源於自己的聯想，並不是事物本身。

除此之外，恐懼感的產生與以往的心理創傷有一定的關係。俗話說：「一朝被蛇咬，十年怕井繩。」如果我們在之前受到過某種刺激，大腦中就會生成一個興奮點，當我們再次遇到同樣的事時，就會喚醒以往的心理體驗，產生恐懼感。

十九世紀初期，美國的心理學家通過條件反射的理論，證實這種恐懼的產生機制。心理學家認為，恐懼的產生與持續是由於恐懼反覆出現使焦慮情緒出現條件化，而迴避行為阻礙了這種條件化的消退。也就是說，當一個人遭受到某一恐懼刺激時，當時情景中一些非恐懼刺激來源也會給他們留下深刻的印象，兩者相互作用，形成一種條件反射。當他們再次遇到非恐懼刺激時，也會產生強烈的恐懼情緒。

其實，恐懼感的產生是一種正常的心理現象，每個人都會體驗。就像生活中的很多事情，都會令我們產生焦慮感和恐懼感。比如不敢一個人走夜路，在生病之後胡思亂想等。但是，如果我們沉浸在恐懼之中，混淆幻想與現實的區別，就會不斷強化這種恐懼心理，使自己相信無力抗拒失敗或災難，這種恐懼就會變得難以消除，最終演變成一種恐懼症。

恐懼症會將對某種事物的恐懼，深深地印在患者的大腦中，無時無刻不在對他們做出某種心理暗示，如廣場恐懼症、社交恐懼症、幽閉恐懼症等。而這種心理疾病往往會使人陷入莫名的恐懼中。

所以，正確地看待恐懼才不會被恐懼心理牽制，不會成為恐懼的奴隸。只要我們不再用很多糟糕的想法來自我恐嚇，我們就有能力避免陷入恐懼的循環中。

消極

「我生來就是一個悲觀主義者。」這是很多人掛在嘴上的一句話，他們總是以一種消極悲觀的心態看待未來和生活。在他們眼中，窗外的明媚陽光顯得格外刺眼，陣陣清風顯得淒涼蕭索；都市的繁華是喧囂與吵鬧的，房中的靜謐是孤獨的。似乎，對他們來說，一切的美好都是奢侈的，而所有的陰暗彷彿都在身邊。

心理學家認為，消極悲觀是一種由於自我感覺失調而產生的不安情緒，通常表現為心理上的自我指責、安全感缺失、對未來不抱希望等。這種病態心理的形成，在一定程度上是受到了個人成長環境的負面影響。比如，離異家庭給孩子造成的心理創傷，父母缺乏對孩子的關愛，在成長的過程中曾遭到他人的欺凌等。這種經歷會使一個人的心理漸漸變得脆弱，最終形成不正常的思維模式。一個心理脆弱的人，心理容量相對有限，視野也就相對狹隘。一旦形成某種負面的思維模式，當某一個負面資訊長期縈繞在心頭，並在不斷思考中放大到自身無法接受的程度，就會令人感到力所不逮，變得消極悲觀。

而且，這類人大多數十分敏感，與其他人相比，他們更容易感知到他人不易察覺的變化，這也就意味著他們更容易感受到痛苦。就像是一次小小的挫折，有的人能夠一如既往地生活，但消極的人經常會感受到這種微不足道的痛苦。當那些別人滿不在乎，你卻如臨大敵的痛苦越來越多時，你就會變得越發消極悲觀。

消極的心理是一個人邁向成功的最大阻礙，因為他們往往會活在灰色的世界中，哀怨沉淪，喪失了鬥志，看不到明天。然而，他們只是用自己悲觀消極的眼光看待世界，而並非世界已經失去了色彩。羅伯特·斯庫勒就曾為樂觀者和悲觀者劃出了界限。悲觀者會說：「我只有看見了才會相信。」樂觀者會說：「只要我相信，我就能看見。」

雨婷最近正在節食減肥，有一天，同事邀請她去參加聚會，她在去之前明確地表示自己只喝一點酒，不能吃任何油膩的東西。但是，在聚會的過程中，氣氛越來越高漲，她忍不住吃了一點烤肉。回到家之後，她失望地對自己說：「就是因為今天晚上沒有控制住自己，之前做的努力都白費了。我真是太沒用了，總是經受不住誘惑，做什麼事情都無法堅持。既然減肥計畫失敗，那我就乾脆痛痛快快地吃一頓好了。」

消極悲觀的人認為壞事的發生都是永久性、普遍性的，所以，對每一件事情的解釋，他們都會傾向於不好的一面。就像案例中的雨婷一樣，她將失控的原因歸結為自制力差，而且通過一次失敗就完全否定了自己。如果這種錯誤的認知得以延續，那麼他們就會相信，生活中這些糟糕的事情，一直都會發生在他們身上，並嚴重影響著他們的正常生活，同時，他們還會將自己通過努力獲得成就歸因為僥倖。

但是，積極樂觀的人不會陷入這種錯誤的認知，雖然他們經歷的挫折和失敗並不比悲觀者少，然而，他們會認為這些困難都只是暫時的，並不會束縛自己前進的腳步。

同一件事情，從不同的角度來看就會得到不同的結果。有這樣一個故事：一個秀才進京趕考，住在一家客棧裡。在考試之前，他做了三個夢：第一次夢到自己在牆上種白菜；第二次夢到自己在下雨天，戴著斗笠還打著傘；第三次夢到自己和心愛的女子背靠背躺在一起。

這三個夢似乎都有深意，於是，他找算命先生幫自己解夢。算命先生聽說之後，便讓他放棄科舉，直接回家去吧。秀才心中不解，詢問原因。算命先生解釋說：「牆上種菜，不是白費勁嗎？戴斗笠打傘，不是多此一舉嗎？和心愛的女子背靠背躺在一起，不是沒戲嗎？」

秀才一聽，心灰意冷，決定收拾東西回家。客棧老闆感覺非常奇怪，問道：「不是明天就考試了嗎？怎麼今天就回家了？」秀才將自己的夢和算命先生的話告知了老闆，老闆笑著說：「我覺得你應該留下來，你想想看，牆上種菜是『高種』的意思；戴斗笠打傘說明你有備無患；和心愛的人背靠背躺在一起，說明你翻身的時候到了。」

秀才一聽覺得很有道理，於是打起精神參加考試，最終居然高中了探花。

其實，**每個人都有悲觀的情緒，但千萬不要把悲觀當成習慣**。如果一個人長期沉浸在悲觀的世界，他就會永遠感受不到快樂。生活中的很多事，往往都是因為自己的心態改變而改變，如果你能換一種心態，就會有更多的快樂和成功。

易怒

美國心理學家雅克・希拉爾說：「憤怒是一種內心不快的反應，它是由感到不公和無法接受的挫折引起的。」確實，生活中的不如意時時刻刻都在影響我們的情緒，於是，為了宣洩內心的不滿，我們開始以憤怒情緒作為反抗，逐漸成為常見的「易怒族」。

易怒一般是內心脆弱的表現。當一個人無法接受外界的任何負面評價時，很容易出現激動、憤怒等行為，而這種情況的發生，一般源自童年時期的心理創傷。一個孩子經常遭受他人的嚴厲指責，長大後為了避免感受以往那種委屈難過且無法反抗的痛苦體驗，他們就會使用具有攻擊性的憤怒，來拒絕外界的一切否定。這也就是心理上的自我防禦，通過憤怒來武裝自己，掩飾內心的脆弱。

易怒的人在憤怒的時候，通常會給人一種凶狠的感覺，但實際上，他們的盛氣凌人不過是色厲內荏的假像。憤怒恰恰是因自身需求無法得到滿足，而又無力改變現狀的無奈表現，他們只是用這種方式來表達自己的情緒，希望得到對方的支援與理解。

比如在一段婚姻中，丈夫每天總是很晚才回家，妻子為此感到不滿，希望丈夫能夠早點回家陪伴她，然而，在表達了幾次意願之後，丈夫依然我行我素。於是，妻子開始變得憤怒，指責丈夫的種種不是。一旦這種方式取得了效果，那她在出現需求的時候，就會選擇用憤怒來表達自己的需求。而實際上，妻子除了憤怒沒有更好的方法能夠讓丈夫重視她。

但是，我們需要注意的是，憤怒雖然能夠在一定程度上幫助我們更好地表達需求，但是，難免會對身邊的人造成傷害。就像維雷娜·卡斯特所說：「任何形式的發怒，都隱含著一種對環境和周圍世界的攻擊性。」而這種攻擊性會通過語言和行為等方式展現出來，破壞人與人之間的和諧關係。同時，憤怒往往會令人喪失理智，使人做出一些錯誤的判斷和決策。

有一個關於憤怒的心理學故事，名為《塔里蘭的陰謀：憤怒》。一八〇九年，拿破崙獲知外交大臣塔里蘭意圖造反的消息，匆忙趕回巴黎。他召集了所有的大臣舉行了一個會議。在會議上，拿破崙不斷暗示塔里蘭的陰謀，但是對方沒有絲毫反應。拿破崙怒火中燒，靠近塔里蘭說道：「有些人希望我死掉。」但是，塔里蘭依然不為所動，反而露出一臉疑惑的表情。

拿破崙憤怒地對塔里蘭咆哮道：「我賞賜了你無數的財寶，給了你最高的榮譽，而你卻想要傷害我。你這個忘恩負義的東西，你就是一條穿著絲襪的狗。」—

說完之後，他轉身離去，其他的大臣從來沒有見過這樣的拿破崙。

塔里蘭不慌不忙地站起來，對所有大臣說道：「真是遺憾，各位紳士，如此偉大的人物居然如此沒有禮貌。」

不久之後，拿破崙的失態和塔里蘭的鎮定傳遍了整個城市，領袖拿破崙的威望降低了。憤怒帶來的負面形象影響了人民對他的支持。

我們要學會合理地控制自身的情緒，讓自己遠離負面情緒的干擾，保持一個良好的心態。所以，當我們想要發怒時，可以深吸一口氣，問問自己：「真的有必要生氣嗎？」

自卑

心理學家阿德勒認為：「每個人都有著不同程度的自卑感。」在心理學上，自卑屬於一種性格缺陷，表現為對自己的能力和品質的評價過低，會給人帶來消極的情感體驗。自卑的人往往在人際交往中會表現出缺乏主見、畏首畏尾、討好他人等行為，但他們不會輕易地顯露內心真實的失落情緒，反而會以種種表現來掩飾自己的自卑。

一個能力出色且頗具威名的武士，去拜訪禪宗大師。當他見到大師之後，對方的身形外貌、一言一行都令他自慚形穢。他向大師問道：「為什麼我會感到自卑呢？在一分鐘之前，我還是一如既往地自信鎮定，當我跨進院子見到你時，就突然自卑起來。我曾無數次面對死亡，從來沒有感到害怕，但是為什麼現在我有些驚恐了呢？」

大師將他領到外面，指著院外的幾棵古樹說道：「看看這些樹木，有的高聳入雲，有的卻只有牆頭那麼高，它們在我的窗外已經待了很多年了，從來也沒有出現過問題。一個高、一個矮，為什麼我卻從來沒有聽到過抱怨呢？」

武士回答說：「因為它們不會比較。」

大師笑著回答說：「你已經不需要問我了，你已經知道答案了。」

很多時候，自卑感的產生，源自脆弱的內心無法承受因比較而顯現出的差距感，從而導致將自己的失敗與缺點無限放大，產生自我否定的錯誤認知。這種比較可能來自對自己的不認同，也可能來自外界的評價。當一個人無法接納自己的不完美時，就無法正視自己的缺點。比如一個人在生理上存在缺陷，像口吃、狐臭、肥胖等，他擔心別人因為這些缺陷嘲笑自己，因此變得不敢靠近任何人。長此以往，他將對這些缺陷不斷放大，對自己不斷否定，這導致他在面對那些優秀的人時，會自然而然地產生自卑感。

有些人的自卑源自童年的家庭環境。在每個人的生命中都有一個「鄰居家的孩子」，父母經常會拿我們和這個孩子做比較：「你怎麼一點都不愛乾淨，你看某個孩子總是乾乾淨淨的。」「你太淘氣了，你為什麼不和某個孩子學一下。」……這種情況產生的原因，是父母錯把挑剔看作鞭策，他們認為只有不斷警示孩子，才能使孩子變得更加優秀。然而，在這種比較的過程中，持續的負面評價會令我們喪失信心，而我們很可能將這種外界的評價當成事實。長此以往，我們就更願意接受他人對自己的批評，而不願接受他人的稱讚，而且，在與他人比較的過程中，也會下意識地用自己的短處與他人的長處做比較。這種刻意拉開的差距感自然而然會令人產生自卑感。

俞敏洪曾說過：「一個內心自卑的人，外在表現一般體現在兩個方面：一是對別人的語言行為過分敏感，總覺得別人話中有話，矛頭指向自己；二是外在行為常常表現為過激反應，為一件小事或一句話大發雷霆，因為內心的虛弱需要用外表的強悍來保護。」所以，有些自卑的人往往喜歡炫耀，喜歡反對他人。

當一個人因為某方面的匱乏導致心理上得不到滿足時，就會產生衝突，導致心理危機。當他的需求得到滿足時，他就會無限放大這種事物。從心理學角度來看，炫耀是為了收穫他人的羨慕和稱讚，滿足自己的虛榮心，將曾經失去的東西補回來。而這正是內心的自卑感作祟的結果。

當一個人形成自卑心理之後，往往會懷疑自己的能力。長此以往，他們會漸漸地從害怕與他人交往的狀態變成完全的自我封閉。即使稍微努力就能夠獲得的成功，也會因為自我否定而放棄追求。這種自卑，就像是囚徒的枷鎖，禁錮著人們的行動，讓他們看不到生活的希望，更不敢去憧憬美好的明天。

但是，完美只是人們心中的一種幻想，只有接納自己的缺陷，努力改變自己，才能使自己的內心變得真正強大起來。心理學家曾指出，自信是能夠塑造的，它來源於一個人的信念和積極的行動。有自卑心理的人，往往會過度關注自己的短板和消極的一面，對自己缺乏全面且客觀的評價，從而妄自菲薄。如果我們能夠對自己進行客觀的分析，看到自己的長處和潛力，就能從心裡肯定和相信自己的價值，從而告別自卑。

我們不要因為自身某些缺陷的存在，就將自己貶低得一無是處，也不能因一次的失敗就全盤否定自己的人生。正確認識自己，提高自我評價，才是擺脫自卑、重建信心的重中之重。

自責

自責是一個自我反省的過程，但自責和反省不是最終目的，而是需要找到自身的失誤或不足，並加以糾正。懂得自責是一件好事，能夠為我們做出適當的警示。然而，在生活中，有的人習慣性將所有的錯誤或責任都歸咎於自己，總是不自覺地思考著自己是不是哪裡做得不夠好，不斷地責備自己。

從心理學角度分析，過度自責是由於心理脆弱而不斷逃避現實，通過用自責的方式來保護和緩解自我因糟糕的現實狀況而產生的內心焦慮。這種極端的自責，會使得自我挫敗感不斷地積壓，以致令人產生嚴重的自我懷疑。過分的內疚與自責，是一種畸形的責任感，總是讓我們主動承擔不屬於自己的責任。在強大的責任感的驅使下，我們只能被迫背負起整個世界，然而，這只會導致我們整天身心疲憊，不堪重負。

研究發現，當人們長期處在過度自責的狀態中時，人們很容易產生焦慮、不安、內疚、恐慌等負面情緒。如果在這些負面情緒中沉淪，不但會讓你失去鬥志，還會出現心理疾病，如焦慮症、抑鬱症等。

賈誼是西漢著名的文學家、政治家，才華橫溢，著有《過秦論》、《論積貯疏》等流傳千古的名篇。漢文帝時期，他成了文帝小兒子的老師，任梁懷王太傅。有一次，賈誼陪同梁懷王進京朝見漢文帝，趕到京城時，梁懷王不慎墜馬而死。作為梁懷王的老師，賈誼認為自己沒有盡到老師應有的責任，內心十分自責，以至於抑鬱成疾。一年後，抑鬱而終。

每個人都會有令自己感到開心的事，也會有令自己感到憂愁的事。所以，我們要有一個正確的認知，有時候，別人喜歡做什麼，產生什麼樣的結果都是他們自己的事情，與自己並沒有多大關係。

電影《紅海行動》中，有這樣一個片段，在戰場上，有一名隊員看到隊友頻頻受傷，而且解救人質的任務還遙不可及，於是沮喪地說道：「都是我做得不好，我根本不應該來參加這次行動……」這時候，他的隊長卻說道：「你要相信你之所以出現在蛟龍隊，就證明你在這裡沒有錯！相信自己……」聽了隊長的話，隊員瞬間提起了信心。

想要保持一種良好的心態，我們就需要避免過於自責。當某些壞事情發生的時候，不是你的錯誤就不要往自己的身上攬。即使外界有一些指責的聲音，你也要堅信自己，不為之動搖。

習慣性將責任攬在自己的身上，一方面是因為過度的責任心，另一方面卻是因為想要討好別人的心理。其實，完全不必如此。有時候，你將注意力過度地放在別人身上，只會引起他人的反感。如果讓事情順其自然地發展，反而能夠取得更好的結果。做好自己應該做的事情，就不會一直陷入負面情緒之中了。

而且，我們一定要知道，某一件事情的成功和失敗不能夠決定一個人的價值，**當我們出現失敗時，我們要告訴自己：「這件事情我做得不夠好，但我的目標是正確的，而且我也在努力做到最好，只是暫時沒有達到目標而已。」**

依賴

在現實生活中，無論是與親人伴侶還是和同事朋友，我們在與之相處時，難免會出現依賴對方或被對方依賴的情況。這種依賴關係是判斷彼此之間關係是否親密的重要依據，越是值得我們信任和依賴的人，與我們的關係就越是親密。

心理學研究發現，每個人都存在一定程度的依賴感。一個孩子會通過依賴母親，保護自己免於受到外界的傷害，以獲得心理上的安全感。心理學家瑪麗・安斯沃思通過實驗，進一步驗證了母嬰之間的依賴關係。

在實驗過程中，她將一個孩子放到一個陌生的房間，房間裡擺滿了玩具。

當母親在場時，孩子會被鼓勵去接觸房間中的新鮮事物。幾分鐘之後，一個陌生人進入房間，母親離去。在經過短暫的分離之後，母親又重新回到房間內。瑪麗通過觀察發現，孩子在母親離開時，表現出格外的不安和焦慮，並放下手中的玩具。當母親返回時，他會去接觸母親，並且感到快樂。

這種潛意識中的依賴感經常出現在我們的生活中，當我們出現某種需求，並渴望得到幫助的時候，我們就會去依賴身邊最重要的人。通過對方的支持，我們能夠更好地應對當前的困境，維持情緒的穩定。比如，當你遭到老闆批評的時候，你一定希望自己的另一半傾聽自己的心聲，給予自己正向的支持。

然而，過度的依賴會讓一個人容易迷失自我。有過度依賴心理的人，內心往往比較脆弱，他們過於在意他人對自己的評價。為了獲得他人的關注與認同，他們在交往過程中，會下意識取悅別人、迎合別人。但這種行為在一定程度上，無法得到對方發自內心的尊重。

徐麗在大學畢業之後，通過家人的關係進入了一家公司實習。她的領導與她相差十歲，工作經驗非常豐富。因為和她的家人有一層朋友的關係，所以，領導對她格外照顧，經常幫助她解決一些問題。

然而，徐麗像是抓住了救命稻草一樣，只要工作出現問題，哪怕是一些自己能夠解決的小事，也會習慣性地去找主管尋求指點和幫助。不久之後，公司裡的員工開始對兩個人議論紛紛，主管為了避免造成不好的影響，開始疏遠徐麗，並鼓勵她自立。徐麗並沒有理解主管的深意，只是單純認為自己被冷落，沒有了依靠，變得整天憂心忡忡。

當一個人對他人出現強烈的依賴感，超過一般程度的話，這種依賴就會發展成一種心理疾病，甚至形成依賴型人格。這種心理疾病的出現，往往源自童年時期的依賴需求沒有得到足夠的滿足，從而導致成年之後的心理依舊停留在童年時期的理想化和依賴中，使得「心理哺乳期」不斷延長。

就像學習游泳一樣，一個人在開始學習游泳的時候是無法離開救生圈的，在他的眼中，救生圈就是一種安全的保障。但是，想要學會游泳，他必須嘗試放棄救生圈，自己划水。這是一個緩慢的過程，他可以在不斷的嘗試中汲取經驗，從而逐漸學會游泳技能。如果救生圈突然被人拿走了，他就會拚命抓住其他可以漂浮的東西。在他不願放開救生圈之前，每一次下水，他都需要一些能夠幫助自己漂浮起來的東西。

依賴他人帶來的最大好處就是：我們不需要親自面對生活中的困難與風險，只需要將它們推給我們所依賴的人。即使出現了問題，我們也不必為此感到自責和後悔。就像心理治療師皮納所說：「那些不做決斷的人是在等別人替他們做決斷，他們因此不用承擔任何因選擇失誤而導致的責任。」

但是，這種不斷地逃避困難、推卸責任的做法會降低一個人的自我價值感。久而久之，我們就會出現「我的能力不足」「我是不受歡迎的」等自我認知偏差。於是，在與他人的交往過程中，我們自然而然地將自己放在陪襯的位置，甘心被他人支配，使自己的自尊心不斷受到傷害。如果一個人只想著索取卻不願付出，他的心智就會永遠停留在不成熟的階段，從而束縛人生的發展，並且會破壞和諧的人際關係。

所以，**告別依賴感是一件很重要的事情**。我們只要在日常的工作和生活中，承受住內心的煎熬和壓力，獨立去完成某件事情，就會發現自己原來也可以做得很好，真切地體會那種成就感。只有這樣，我們才能真正改變依賴的心理慣性。

對習慣依賴他人的人來說，人生中的困境和絕境是十分珍貴的歷練機會。只有當你身處這些充滿挑戰的情境，發現身邊沒有人能夠向你伸出援手的時候，才能真正意識到，自己才是自己最堅強的依靠。

脆弱的高自尊

自尊是一個人通過積極的自我評價，形成的一種自我尊重的情感體驗。對大多數人而言，自尊是一種良好的心理品質。然而，現實生活中有這樣一類人，他們總是希望通過自己的表現來贏得他人認可，自尊心特別強，同時，他們又很容易在挫折和困難面前變得格外脆弱。這種心理狀態就被稱為「脆弱的高自尊」。

那這種「脆弱的高自尊」是由什麼導致的呢？是否是因為遭受了太多的貶低和指責？恰恰相反，「脆弱的高自尊」往往是在長期的表揚和讚美中形成的。

史丹佛大學的心理學教授德韋克做了這樣一個實驗：他邀請了一群十多歲

的小朋友參與實驗，將他們分成了兩組，然後，分別讓他們完成了十道智力測驗題。等小朋友完成之後，他對兩組小朋友都進行了誇獎，但誇獎內容大相徑庭。他對第一組說：「你做對這麼多道題，你真是太聰明了。」對第二組說：「你做對這麼多道題，那麼你一定很努力。」

結果顯示，前者在之後的測驗中，會趨向於選擇簡單的題目，如果強制要求他們選擇具有一定難度的題目，他們的表現也大不如前。而且，在最後統計分數的時候，他們中的大部分人都謊報了自己的成績。而後者能夠越挫越勇，不斷挑戰難題，表現也越來越優秀。

這便是心理學中「僵固型思維」帶來的結果。當你誇讚一個孩子聰明時，就意味著你給出了一個結論性的肯定，認為一個人的能力是固定的，能否解開難題是證明你是否聰明的方式。一旦對方接受這一觀點，就會將關注點轉移到自己身上，並盡力維持自己的形象。於是，他們就不願再面對任何挑戰，以免失敗損害自己的形象。而這，也恰恰是導致「脆弱高自尊」的根本原因。當你誇讚一個孩子努力時，就是在告訴對方，一個人的能力不是一成不變的，每個人都可以通過自己的努力來使自己變得強大。兩者最大的區別就是：「僵固型思維」會讓你用現在的能力束縛你的潛力，從而扼殺自身的成長與發展。

比爾・蓋茨曾說：「這個世界，從來不在意你的自尊，而只看你取得的成就。在你未取得成就之前，切勿過於強調你的自尊。因為越強調，對你越不利。」所以，我們要擺脫「脆弱的高自尊」，突破「僵固型思維」，使自己變得真正強大起來。

抱怨和計較

抱怨是生活中常見的一種情緒反應，它能夠幫助人們宣洩內心的不滿。然而，抱怨也成了一些人用來反抗現實的一種手段。抱怨自己辛苦加班，老闆不給加班費；抱怨自己好心幫助他人，而在自己有困難的時候沒有人主動幫助自己。

有兩個人相約一起出海，打算找到一個適合自己生存的地方。他們登上了一座荒無人煙的小島，島上環境惡劣，處處隱藏著危機。其中的一個人高興地說：

「我打算留在這裡了，雖然現在這裡環境不盡如人意，但我覺得一切都會好起來的。」而另一個人不想在這座荒蕪的小島上受苦，就選擇獨自一人繼續在海上漂泊。直到有一天，他發現了一座美麗的小島，便決定留在小島上，但是，小島上已經有很多人居住了，他只能在上面做一個服務他人的工人。

一晃很多年過去了，他登上了那座曾經放棄的小島，來看望自己的朋友。島上的一切令他吃驚不已，精緻的房屋、整齊的農田、熱情的島民……他的好朋友看起來要比自己更加衰老，但精神很好。當兩人談起開墾荒島的經歷時，朋友神采奕奕地對他說：「雖然剛開始的時候，生活過得很艱苦，但是現在這一切都屬於我了。」

錯過小島的那個人心中懊悔不已，並抱怨說：「為什麼上天這樣厚待你，如果你當初勸我留在島上，一定過得比現在更好。」

抱怨是一種複雜的情緒，它融合了憤怒、沮喪、焦慮等諸多負面情緒。從心理學角度分析，抱怨源自一個人對現狀的不滿，也可以解釋為現實的情況沒有達到個體心中的標準或期望。有時候，很多人對自己或現實的期待不切實際，而且不能跟隨時代的發展而靈活變化，結果就是處處碰壁，怨氣沖天。比如因無法正確認識自己、用完美的標準去物色結婚對象，導致很長一段時間都無法收穫愛情。當一個人總是以過去的價值觀來看待如今的新鮮事物，就難免會產生被世界遺忘的失落感。這時，脆弱的心理就會打破原來的心理平衡，使負面情緒不斷加劇，令人喪失與挫折和困難鬥爭的勇氣和信心，只能用抱怨來宣洩內心的不滿，反抗無情的現實。

研究發現，很多心理疾病都是從生活中的抱怨開始的。長期的抱怨會導致大腦神經遞質發生改變，從而提高罹患焦慮症、抑鬱症等精神疾病的風險。不僅如此，抱怨所引發的負面情緒的積累會降低動脈血管的韌性，從而導致出現血管硬化的情況，使心腦血管疾病的發病率大大提高。所以，抱怨不僅不能解決任何實際問題，還會在一定程度上損害我們的身心健康。

與長期將自己陷入負面情緒中的抱怨一樣，斤斤計較也會對人的身心健康造成不利的影響。心理學家表示，斤斤計較的人的內心往往更加敏感與脆弱，他們感受痛苦的時間和深度也要遠超於常人。

計較是一個人個性因素或自我意識太強而引發的一種表現。當一個人總是以自我為中心，十分在意自己的感受時，為了維護自身的利益，他就會出現斤斤計較的行為。

無論是抱怨，還是計較，我們都只能將其作為一種暫時緩解內心情緒的方式，而不能將它們作為表達或反抗的手段。如果我們將抱怨作為一種表達方式，結果往往會適得其反。父母抱怨子女工作太拚命，其實只是想表達對子女的掛念；妻子抱怨丈夫不顧家，只是單純希望他能夠多陪伴自己……然而，大部分人很難理解抱怨背後的情感，很容易將其理解為指責或批評，從而引發家庭矛盾。

所以，面對抱怨和斤斤計較，我們要保持一顆平常心，不被生活中的瑣事侵擾，學會自我勸慰、自我調節，使自己冷靜下來。我們要知道，**外界因素只是引發負面情緒的外因，而內心的脆弱才是真正的根源，只有改善自己，強大自己，才能更好地處理內心的負面情緒。**

第二章　包裹脆弱的堅強外衣

被迫堅強：笑著難過的人

成年人的世界，習慣用笑容來表達一切情緒，笑著開心、笑著難過、笑著生氣……微笑成了他們在面對艱難生活時的一個面具。但每一個強顏歡笑的靈魂背後，都有無法言說的委屈和心酸，或迫於生計，或迫於體面，只不過為了生活，他們不得不堅強。

其實更多的時候，一個人的笑容背後是不為人知的酸楚，堅強的外衣下藏著脆弱的心靈。只不過，大多數人早已將悲傷情感的表達設置成了靜音模式。一

個在回家之前緩解心情，掏出鏡子練習微笑的男人；一個為孩子忙得焦頭爛額，還要安慰丈夫的女人，他們每天都是一種若無其事的樣子。因為他們知道，自己的心情會影響到家人的心情，寧願一個人微笑著負重前行。正如一首歌中所唱：「你不是真正的快樂，你的笑只是你穿的保護色。」

這種強顏歡笑的現象在心理學上被歸類為「防禦」，指的是當我們在面臨內心的衝突和痛苦時，會以某種方式為自己尋找一件「保護衣」，以減輕內心的不安。而長期的強顏歡笑很可能引發抑鬱症。

在我們的認知裡，抑鬱症患者是應該悲觀、自閉，對任何事物都缺乏熱情的人。但有一種抑鬱類型的患者會給人一種積極陽光、樂觀向上的感覺，而這種抑鬱症患者被稱為「微笑抑鬱症」患者。

相關資料顯示，有一定成就或事業基礎的人是「微笑抑鬱症」的高發人群。由於工作、禮節等方面的需要，他們大多數時間一直處於微笑的狀態，但這種「微笑」並不是來源於內心深處的感受，而是出於應對人際交往、工作生活等被迫展示的笑容。這種迫於壓力或尊嚴之下的強制微笑，並不能消除來自工作或生活等方面的壓力、煩惱，只會讓他們將內心的痛苦、壓抑不斷堆積。

與典型的抑鬱症不同，微笑抑鬱症不會讓人感到患者們的社交障礙，從而不容易被發覺。社會所需的標準式微笑是他們的保護傘，他們為了事業、家庭，用微笑來掩蓋自己的任何情緒，被迫堅強起來。即使內心再難過、再痛苦，也不會輕易表現出來，營造出我很好的假像是他們最常用的手段。但不為人知的是，當他們獨處時，摘下微笑的面具後，他們便會沉浸在不斷積壓的負面情緒中，很有可能將自己引入一種極端。

英國的一位十六歲少女麥茜以自殺的方式結束了自己的生命。在所有人的眼中，她是一個性格開朗的姑娘，在別人面前總是展露出自己最可愛的樣子。

不久之前，她還和家人們討論了去希臘旅遊的計畫。她的母親說：「我們討論得很開心，還一起去為麥茜買了墨鏡，她非常喜歡。」

就在她準備結束自己生命的那一天，她還和往常一樣，吃完早餐，目送母親去上班，對母親大喊了一句「再見」。

對強顏歡笑的人而言，微笑是面對他人的偽裝，也是瞄準自己的武器。我們也許有過這樣的經歷，當我們非常難過時，強行對別人擠出微笑，會使我們的內心越發壓抑和痛苦。在痛苦的心情表面蒙上了一層微笑的面紗，內心的痛苦只能在深深的籠罩下，不斷堆積，無處排解。任何的外界刺激都可能成為壓倒脆弱心靈的最後一根稻草。

《逃避雖然可恥但有用》中有這樣一句話：「**如果承受不了，躲一下沒什麼大不了。雖然社會很殘酷，但誰也沒要求你要一直堅強。**」所以，如果你不是真正的快樂，也請你卸下你微笑的保護色。

假性獨立：一個人硬扛

如今，獨立是被眾人稱讚的品質。每個人都在盡力展示「所有問題自己扛」的獨立性格，羞於求助，恥於依靠。只有在夜深人靜時，才肯孤獨體會自己內心的脆弱。說到底，並不是別人不可靠，而是你潛意識中的「假性獨立」在作祟。

盧茜是一家外企的高管，收入非常豐厚，社會身分也很體面。最近，她的感情生活出現了危機。她發現自己的先生在某些事情上對自己說了謊，而她最不能容忍別人對她說謊。她感到十分氣憤和難過，雖然離開她的先生會使她難過很長一段時間，但她還是毅然決然地選擇了離婚。

在和朋友溝通時，她表示自己其實不想和先生離婚，卻在行動上做出了一種想要離婚的姿態。她能夠接受一段痛苦的時光，卻不願承認自己需要他，害怕他離開自己。

在現實生活中，有很多像她一樣的人。他們將自己包裝得很強大，認為接受他人的照顧是一件羞恥的事情，覺得自己對自身的情感、欲望，甚至整個世界都有著全能的控制力。對這些人而言，承認自己需要被照顧是一件極其困難的事情。如果對這些人進行心理診斷，他們一定會在自己的診斷書上見到「假性獨立」這個名詞。

「假性獨立」指的是為了避免自己對需求他人幫助而產生的羞恥感，而選擇習慣性拒絕他人的任何幫助。簡單來說，就是「不懂得依賴，只懂得硬扛」。這種「假性獨立」表現在習慣性拒絕他人的幫助，但內心十分渴望能夠依賴別人。

「假性獨立」看起來與真正的獨立沒有什麼區別，實際上它在精神層面上脆弱得不堪一擊。

為什麼會出現「假性獨立」的情況呢？這就要追溯到一個人的嬰幼兒時期，孩子對父母進行呼喚卻沒有得到回應，長此以往，孩子在經歷等待、失望之後，便會認為對方不值得依靠。心理學表明，人都是趨利避害的，一旦我們產生對方不可靠的念頭就會為自己構建一個自我保護的空間，並警示自己，除了自己，沒有人值得我們依靠。而這一空間的構建會影響到成年之後的關係模式，在與人相處的過程中，我們的潛意識會擔心，如果選擇依靠別人，可能會重複曾經被父母漠視的情景。為了避免這種情況發生，我們就會無意識地拒絕別人的幫助。

一旦「假性獨立」形成，我們自然而然就會隔絕很多親密關係的建立，令對方產生距離感。親密關係的建立是以個體相互獨立為基礎，而假性獨立者就像是一個沒有靈魂的戀人，他們在面對問題時，經常會選擇克制，不允許自己情緒崩潰或求助他人，大大地減少了雙方互動的可能性。

那我們該如何告別「假性獨立」，使自己真正獨立起來？

我們在深信依靠自己的力量能夠收穫美好人生的同時，也要懂得在努力的路上，適當尋求他人的幫助，能夠幫助我們更快達到終點。真正的獨立是自信與靈活相輔相成，自信於目標的達成，靈活於達成的過程。

比如我們可以嘗試著請求別人幫自己完成一件小事，從行為上的變化帶動情緒和認知的轉變。這件小事可以是幫你拿快遞、遞給你一樣東西等。

電影《至暗時刻》講述了英國首相邱吉爾在指揮敦克爾克大撤退時，做出的一系列決策。面對英國的「至暗時刻」，邱吉爾選擇向美國等國家求助，抵禦德國的襲擊，最後動員了英國所有的船隻解救了英國的士兵。如果他沒有向其他國家求助，那世界的歷史將會改寫。

同樣對一個人而言，當你遭受「至暗時刻」時，不妨直面自己的內心，你是否此時內心十分脆弱，是否渴望有一個人依靠。尋求他人的幫助，並不是一件丟人的事情：生命之間本就是相互交錯的，人與人之間的相互幫助才是人生最美好的樣子。

總是搶著自嘲，無非是害怕被傷害

在人際交往的過程中，絕大多數人都樂意展示自己的優勢，希望得到眾人的認可與讚美。但是，也有一種人，他們總是以一種幽默的方式來分享自己劣勢的一面。而這種情況就被稱為「自嘲」。

美國著名演說家羅伯特在晚年的時候幾乎掉光了頭髮，成了一個禿頭。可是，他從來沒有過多掩飾這一缺點，反而多次在公共場合嘲笑自己的禿頭。

在他舉辦六十歲生日聚會時，很多朋友趕來為他慶祝。他的夫人悄悄地勸他戴上一頂帽子，羅伯特非但沒有這麼做，反而故意大聲對來賓說：「我的夫人今天勸我戴上一頂帽子，可是你們不知道禿頭的好處有多大，比如可以第一個知道天在下雨。」這一句自嘲的話，讓眾人見識到了羅伯特的豁達，場上的氣氛也變得熱烈起來。

自嘲是一種避免或化解尷尬的幽默方式，而從心理學角度來看，自嘲更像是一種自我防禦機制。當一個人由於自身或外界的威脅和壓力，從而產生強烈的焦慮感時，自我防禦機制會以某種誇大或歪曲事實的方式來保護自己，以緩解或消除內心的不安與焦慮。就比如禿頭的羅伯特，禿頭本來不是一件光彩的事情，當他處於公共場合時，內心一定會擔心被別人提起或者嘲諷自己禿頭的缺憾，以至於一直感到不安。如果他率先以一種幽默的自嘲將自己的禿頭公之於眾，就使他人無法再拿他的禿頭做文章，從而避免了被傷害的情況。

心理學家安娜・佛洛德曾在《自我和防禦機制》一書中對防禦機制的存在做出了說明：「每一個人，無論是正常人還是精神病人，他的行為和語言都在一定程度上使用防禦機制中的一個或幾個特徵性的成分。」如此看來，每一個人或多或少都會觸發這種自我防禦機制，適度地使用能夠緩解壓力和焦慮，而長期使用會導致個體有意識甚至無意識地啟動這種防禦機制，從而使自己一直處於負面情緒中。

就像某著名主持人曾經爆料，自己從來不覺得自己好看，甚至有段時間一直對著鏡子鼓勵自己說：「你真美，你真性感。」這種與「自黑」如出一轍的自嘲看似十分寬容，無所謂，實際上他們心中比任何人都在乎和糾結。

何麗在國外做實習教師時，遇到了一位朋友。何麗在實習期間感到十分焦慮，因為除了實習，她還要面對正常上課、期末考試、畢業找工作、辦回國手續等難題。雖然她的朋友也面臨同樣的困難，卻經常嘲笑自己的笨手笨腳。

何麗覺得她不僅開朗，而且有很強的抗壓能力。直到有一天，她發現這個朋友躲在廁所裡號啕大哭，對著電話發洩說：「我真的受不了了，我好想回國……」等何麗再次見到她時，她又恢復了之前的樂觀形象。

總是搶著自嘲，是一種病態的防禦機制，也是心靈脆弱的表現。泰戈爾曾在《我想對你說出我要說的最深的話語》中寫道：「我想對你說出我要說的最深的話語，我不敢，我怕你哂笑。因此我嘲笑自己，把我的秘密在玩笑中打碎。」因為害怕被嘲笑，害怕被傷害，所以，與其被別人傷害，不如自己嘲笑自己。

其實，自嘲本是一種製造愉悅和擺脫困境的能力，我們不應該讓它成為一種規避傷害的掩飾。從平常的角度看起來的一件充滿缺憾的事情，以一種戲謔的方式說出來，會帶來十足的喜感，但想要完成這一轉換，我們必須有一顆自信的心。只有提高自信、強大內心，才能經受住別人的嘲諷以及內心的自我打擊。

有這樣一句名言：「笑的金科玉律是，不論你笑別人怎樣，先笑你自己。」適當地使用「自嘲」，不僅可以使我們受傷的心靈得到安慰，也會讓別人對我們刮目相看，受到他人的尊重。同時，自嘲也是自我激勵和自我鞭策的方式，直面自己的缺點，通過自嘲的方式形成對自己客觀的自我評價和判斷，自己嘲諷自己，既來得溫和，又容易為自己所接受。

「因為偏見，我不得不把抑鬱藏起來」

在這個快節奏的時代，人心浮躁，焦慮無處不在。讀書時會為了大學理想焦慮；參加工作後會為了前途和薪資焦慮；單身時會為了尋找另一半焦慮……最終，你只得相信生活就是一座難以翻過的山，任由四面八方的焦慮籠罩心頭。

人為什麼會感到焦慮？從心理學角度來講，焦慮是一個人在意自己的表現和他人看法的心理產物。當一個人遭到不利的評價時，為了掩飾內心的不安，他會隱藏自身的焦慮情緒，在長期的積壓下，心靈變得格外脆弱，而自始至終，他都不會回頭看一眼自己早已泥濘不堪的內心。

陳曉就讀於名牌大學，對自己的未來有著很高的期望，在畢業之後，進入一家外企工作。他原本以為憑藉自己的能力可以迅速升職為公司的管理層，但事實上，在兩年多的時間裡，他始終都做著最基礎的工作。

在日常工作中，原本安排好的計畫被各種臨時插進來的事情打亂的情況時有發生。他當天的工作無法完成，只能加班到深夜，而老闆似乎看不到他的付出。看著新來的同事一個個升職加薪，他開始懷疑自己的工作能力，懷疑自己的處世方式，甚至每天都會閱讀一些心靈雞湯來鼓勵自己。

他內心的焦慮不斷積壓，使他更加在意當下所面臨的困境，於是，他的工作狀態越來越差，每天想要辭職的念頭揮之不去。

焦慮情緒是對人的一種警示，提醒人們做好解決問題的準備，或者及時、有效地規避可能存在的風險。一個樂觀向上的人會正視自己的焦慮和脆弱。但對大多數人而言，他們由於擔心暴露自身的脆弱而不得不隱藏真實的情緒，以求適應當下的環境，融入周圍的人群。殊不知，你越壓抑內心的焦慮，反而越會使你更加焦慮，最終導致對自己的懷疑。正如盧梭在《社會契約論》中所說：「人生而自由，但無往不在枷鎖之中。」事實上，為自己套上枷鎖的人，往往就是自己。所以說，一味地逃避會使內心越發受到限制。

每個人的內心都有脆弱的一面，如果你全面否定脆弱的存在，無視內心的焦慮，將自己封閉起來，久而久之，你會在不斷積壓的焦慮中陷入痛苦的深淵，任憑失望侵入心靈，從而放棄一切希望，拒絕任何改變。

不敢直視脆弱與焦慮，會使我們失去排解這種情緒的管道，無法從正常的焦慮情緒中汲取力量。正視自己的焦慮與脆弱，讓情緒和思想真實地反映內心的看法，才不會在忙碌的生活中迷失自己。

那我們該如何正視內心的脆弱與焦慮呢？

舉個例子：人生的轉折期是焦慮情緒的高發時段。進入一個新的環境，開始一段新的生活，如果無法儘快從原有的生活抽離，更換內在的自我評價系統，就會使焦慮不斷滋生。

比如一個品學兼優、能力出眾的學生，從高中志得意滿地進入大學之後，卻發現自己失去了老師和同學的「寵愛」，因為大家都很優秀，於是他的內心出現了焦慮的情緒。如果他無法直面內心的焦慮，強行在生活中刷自己的存在感，最終會使自己走入焦慮的迷宮，無論向左還是向右，焦慮無處不在。

那麼此時，他就必須認識到自己踏入了一個新的人生階段，焦慮的存在是合理的。在一個周圍的人都很優秀的環境中重新開始，再次成為出類拔萃的人，才是現在要走的路。

再比如：在戀愛期間被男朋友百般呵護和照顧的女孩，感覺自己變成了一個公主。但結婚之後，卻發現他就像變了一個人似的，不再像之前一樣悉心呵護和照顧自己，反而更多地需要自己去照顧他的情感和衣食起居，他變得好像不愛自己了。特別是生完孩子之後，她感覺自己從一個公主變成了一個女傭。她為伴侶的轉變感到焦慮，如果她不能正確看待自己的焦慮，在長期逃避的過程中，積壓的負面情緒終有一天會爆發，而家庭矛盾就會露出獠牙。

所以，她必須意識到自己的焦慮來源於對生活的不適應，而並非情感出現問題。她需要做的就是從一個戀愛中的公主轉變成一個家庭中的賢妻良母，從被照顧，慢慢學會並喜歡照顧別人。

從心理學角度講，任何心理困擾都源自對現實生活的迴避。如果你只是一味地掩飾自己的焦慮，而無法直面它，那你還是會持續地感到焦慮。學會面對、解決或接納、放下才是一個新的開始。正如尼采在《成為你自己》中所講，生命的歷程實際上是一段覺醒的旅程，旨在釋放我們身上的某種東西，讓它表達出來，展露於外，與我們的存在相一致。

你的逞強其實是自卑

在大多數人眼中，隨意暴露自己內心的脆弱是一件極其危險的事情。於是，我們不願在人前落淚，擔心輸了風度；不願當眾認輸，害怕折損顏面。不知從什麼時候開始，每個人都在不斷加強自己內心的防禦，習慣用逞強來掩飾內心的脆弱，在不經意間，為自己的世界築起了一道圍牆。

張晨剛參加工作的時候，承擔了很多的工作。除了自己的本職工作外，她還承擔了很多人不喜歡幹的活，如打掃辦公室的衛生。一開始單位的衛生清理工作是由一位老員工負責的，她向主管提出了申請，想要讓別人替換自己。為了博得主管的好感，張晨主動請纓，獨自攬下了這一工作。

因為工作的需要，辦公室需要每個月整理一下檔案，沒有人願意增加自己的工作負擔。於是，這項工作又落在了張晨的頭上。她覺得一個月就犧牲這一兩天，沒什麼大不了的。但她身上的工作越來越多，每天晚上八點回家，每天早上七點到公司，連基本的雙休日也被佔用了。如果遇上月初和月末的工作總結和整理，她每天幾乎只能睡上兩三個小時。

她很想放棄，想和主管說不，可是她開不了口，生病了也強撐著工作，最後她終於病倒了。

有的人為什麼總是喜歡表現強大的一面？從心理層面分析，他們擔心向他人展示出脆弱的一面，不但不會得到理解和寬容，反而會遭到對方的輕視與嘲諷；擔心自己一旦退縮，就會失去當下擁有的地位和工作，被他人頂替。

個體心理學家阿德勒曾表示：「逞強是自卑感的另一種表現。」實際上，每個人都具有不同程度的自卑感，因為我們追求優秀，追求更好的生活，人的一生都是在努力克服自卑感，獲得優越感。但是，有些人踏上了一條錯誤的路。他們極力展示自己優越的行為，恰恰是自卑情結衍生出的產物，而大多數的逞強是為了彌補和掩飾內心的自卑與脆弱。

越是逞強的人，越會出現以下幾種情況。

1. 一個人的時候，會爆發莫名的情緒

在人際交往過程中，無論內心遭受怎樣的痛苦與折磨，承受再大的心理壓力，他們表面看起來永遠是一副成竹在胸、風輕雲淡的樣子。只有在一個人的時候，他們才會直面內心的壓力，釋放心中的負面情緒，瞬間淚如雨下。

他們的好勝心極強，不願在他人面前暴露自己的軟弱，強行將負面情緒積壓在心底。但事實上，他們的心理承受能力極差，也不具備化解這些負面情緒的能力，所以，最終會導致獨處時內心情感的爆發。

2. 看似處世八面玲瓏，實則親密感缺失

現實生活中有這樣一種人，你能夠發現他們與身邊的人相處得非常好，人際關係也頗為不錯，但如果你深入瞭解之後會發現，他們往往不存在真正的摯友和愛人。事實上，他們自身的條件並不差，只是在潛意識中拒絕了這種親密關係的建立。這種情況，在心理學上被稱為「親密感缺失」。造成「親密感缺失」的原因就是在曾經的某段親密關係中被傷害，留下了較為嚴重的心理陰影。為了防止再次受到傷害，他們本能地拒絕了任何形式的親密關係。而這種被傷害後形成的敏感性格，會使他們更擅長處理人際關係，通過交際中的遊刃有餘，來隱藏內心對親密關係的恐懼。

3.用忙碌掩飾內心的空虛

有些人會為自己設計一個十分緊湊的日程表，積極地參加各種社交活動，讓生活變得十分充實。在外人眼中，這些人每天都忙忙碌碌，而實際上，他們並不能從忙碌的生活中汲取快樂，一旦安靜下來，就會感到空虛和寂寞。

他們的內心恐懼未來的不確定性，想要提升自己，卻受限於現實或者性格。這種源自不確定的恐懼感，會迫使他們將很多沒有意義的事情填充進自己的時間，達到掩飾和偽裝的目的，從而緩解內心的焦慮情緒。

而這種心理問題的解決方式，是要接納自己的脆弱與不足，消除自己恐懼的根源，停止與自卑情結和脆弱心理的對抗，學會合理地釋放自己的情緒。

不敢承認自己的「力所不逮」，試圖偽裝和掩飾，本身就是一種脆弱。我們要知道，我們不能弱小到像溫室中的花朵，經不起風雨，也不會強大到不懼任何風浪。真正的內心強大，不是一味逞強好勝，而是懂得適當示弱。

所以，如果外面的雨太大，而自己的傘又太小，就去他人的屋簷下避一避雨。強撐著冒雨前行，很可能會被淋成落湯雞。

不敢求助，僅僅是因為害怕被拒絕嗎

你有沒有遇見過這樣一類人，無論自己遭遇了什麼樣的困難，他們大多數都會選擇默默承受，即使走投無路之際也是閉口不言？如果你問他們，為什麼在遇到困難的時候不找別人幫忙？他們一定會回答說：「不想麻煩別人，自己解決就行。」對他們來說，向別人求助好像是一件比登天還要難的事情。

電影《芳華》中的主人公劉峰是一個樂善好施、受人尊敬的人，他幫戰友從北京帶回重重的包裹、趕回跑出豬圈的豬，他因幫助別人而感到真正的開心。但經歷中年的挫折之後，他依然難以忘記自己青年時代悲情英雄的個性，以至於在人生最後的落魄階段，只是默默地過著慘澹的人生。

為什麼這些人願意向別人伸出援手，卻不願向別人求助呢？是因為他們害怕被拒絕嗎？答案是肯定的。

從心理學角度來講，害怕被拒絕是因為心理上的被拒創傷或者拒絕敏感。當我們向一位朋友尋求幫助時，對方沒有給予熱情的回應，我們會產生「被拒絕」的感覺，然後形成一種傾向：下次再也不找人幫忙了。一旦我們再次面臨向他人求助的情況，在潛意識中會對「被拒絕」產生恐懼感，從而拒絕向他人求助，這就是被拒創傷。拒絕敏感指的是當一個人存在被拒創傷之後，對資訊異常敏感。他會將對方毫無意識的動作和表情都看成是在拒絕自己。

那麼，當一個人不曾擁有被拒創傷時，為何仍不願向人求助？其根源在於內心的脆弱。

有些人顧忌自己的面子而不願求助，因為他們的內心充滿著自卑。人格心理學研究表明，自卑的人擁有極高的自尊心理。一般來說，這類人的性格會十分隨和，無論你提出什麼樣的意見，他們幾乎會直接表示贊同，而實質上他們只是在尋求大家的認同。因為過於在意他人的看法，他們很容易拿別人對自己的評價來看待自己。

比如當你說出他們的某種缺點時，他們會感到非常不開心，不停追問你或向別人去求證，甚至當場反駁、攻擊你。你的否定在一定程度上也讓他否定了自己。再比如他喜歡上了一個女孩，卻擔心表白失敗而喪失自尊，甚至擔心表白被拒後，周圍人對他的輕視和外界的流言蜚語。這兩者都是內心不夠強大的表現。

那我們該如何克服不願求助的脆弱心理呢？

首先，我們需要意識到害怕被拒絕是被拒創傷或拒絕敏感的心理造成的，從而大膽地去克服這種心理；其次，提高對方的心理閾值，降低對方拒絕你的可能性。比如一個孩子想要一盒十二色的蠟筆，但是媽媽不允許他有超出零花錢之外的支出。於是，他對媽媽說，自己很喜歡畫畫，希望媽媽給他買一盒四十八色的蠟筆。媽媽立刻以超出支出的理由拒絕了他。但是，他又說：「我確實喜歡畫畫，那我不要那盒四十八色的了，可以給我買一盒十二色的水彩筆嗎？」媽媽猶豫了一下，答應了他的請求。

而關於自卑，心理學家阿德勒曾在《自卑與超越》一書中指出：「自卑並不是天生的性格特徵，它是在後來的成長中慢慢積累起來的一種壓力、恐懼，而超越自卑的方式就是讓他們直面現實，在挫折與打擊中找到努力的勇氣。」

簡而言之，就是告別自身的思維懶惰。**自卑之所以是長期積累的產物，是因為你的內心一直關注自己不夠好的地方，而完全忽視自己做得好的地方。**無論你取得什麼樣的成就，你都會以這種慣性的思維，使用不合理的標準去評價自己，永遠見不到自己的閃光點。

當你取得一定成績之後，一定要將自己新發現的優點總結出來，納入自我的評價系統。擺脫這種思維的慣性是走向成熟和自信的第一步。大膽地表達自己，即使被拒絕了也沒有關係，至少嘗試了就有被答應的機會。

況且，當我們遇到某些事情時，我們可能認為這件事難如登天，但也許在別人看來只是一件舉手之勞的小事。所以，我們不必太多在意什麼面子、自尊的問題，這僅僅只是個人的憑空擔憂罷了。而且，正如羅振宇在節目中提到的：「大多數人的親密關係，其實都是互相麻煩出來的。」

所以，我們應該將「求助可能被拒絕」這件事當作一件平常的事情來看待，當你真正需要幫助或想要表達自己的時候，勇敢地邁出這一步，大聲求助，不然你怎麼會知道前方等待你的是接受還是拒絕呢？

報喜不報憂真的是成熟嗎

網路上有這樣一個話題：你認為長大的標誌是什麼？其中得到最多點讚的回答是：「小時候總騙父母沒錢，而長大後總騙父母有錢。」一個人在成年之後，需要面臨和解決的問題越來越多，但即使心中有再多的委屈和無力，與父母打電話時依舊是風輕雲淡、故作輕鬆。

從表面上來看，我們用「報喜不報憂」來保護父母，不想因自己的困境增加他們的焦慮和擔憂，為他們原本就不易的生活增添負擔。而從心理學的角度來看，這種決策的產生受到了自我防禦機制的影響，我們擔心對方無法接受「憂」所帶來的問題和結果，如果我們將自己不好或者比較弱的一面展示出來，對方可能會批判，甚至羞辱，不會因為你的示弱而共情你的感受，只是一味從他們的角度來評判你。就像我們將自己的痛苦向父母傾訴，希望得到他們的理解和支持，但父母的指責和無力會讓我們感到無助和內疚。我們不願再面對曾經體驗過的失望。於是，為了避免自己再次受到傷害，我們選擇了對壞消息沉默，用好消息獲得父母的欣慰與肯定。

如此看來，報喜不報憂不屬於成熟，而是以趨利避害為目的，夾雜著無奈與苦澀的生存策略。

報喜不報憂之所以會被認定是成熟，無法與脆弱的心理產生聯繫，是因為在決策中的證實偏差。證實偏差是一種心理效應，指的是當人們確立了某一個觀點時，會在收集和分析資訊的過程中，具有刻意尋找支援這一觀點的證據的傾向。

簡單來說，就是當人們在做出「報喜不報憂」的決策時，以自我認知和周圍人群的相同行為作為證據，忽略因脆弱心理而導致趨利避害，從而將其看作一種有擔當的表現。

對個人而言，我們總是報喜不報憂的話，長此以往，肩上的壓力越來越重，而且很可能變得孤立無援，感受不到身邊的溫暖。因為，每個人都認為你過得很好。我們會越來越不懂得如何表達真實的自己，只能壓抑自己的委屈，就越顯得特別孤單。這會對心理，甚至身體造成極大的傷害，從而影響正常的生活。

報喜不報憂的出發點是好的，但會在一定程度上抹殺彼此之間的親密關係。當你選擇向一個人傾訴自己的苦痛時，就意味著對方值得你去信任，你不必擔心因暴露自己的脆弱而受到傷害，而對方也能完完全全感受到你的信任。人生中的苦痛與無助不可避免，如果你一味地向對方展示優秀的一面，就會令對方產生不受信任的感覺，從而淡化彼此之間的關係。

事實上，每個人都希望被關注、被包容。當我們有能力去主動選擇時，我們可以嘗試著向他人表達完整的自己，哪怕是自己背後的傷。與我們最早建立親密關係的父母更是如此。而且健康的親密關係，才不需要「報喜不報憂」，而是願意相信對方願意且能夠理解自己的情緒。

龍應台在《目送》中寫道：「所謂父母子女一場，只不過意味著，你和他的緣分就是今生今世不斷地目送他的背影漸行漸遠。你站立在小路的這一端，看著他逐漸消失在小路轉彎的地方，而且，他在用背影默默地告訴你：不必追。」

我們與父母相處的時間十分有限，我們更應該以一種堅強且溫暖的方式守護對方，而不是以愛為名義營造一種假像，使彼此之間的關係越來越遠。小時候，父母是我們心中的蓋世英雄；長大後，也許他們不再那麼無所不能，但我們仍然可以與他們坦露生活或工作上的不如意，讓他們在力所能及的範圍內指導和幫助我們。

家是一個人一輩子的避風港，快樂的事一起分享，痛苦的事一起分擔。如果說和父母說出善意的謊言是成長，那學會真正地理解與包容才是真正的成熟。

我們要學會報「喜」也報「憂」，掌握溝通的平衡，使彼此之間的關係更加親密與牢固。這樣的相處，才會更有溫度。

第三章　脆弱的根源：心靈創傷

沒有安全感的背後是被拋棄的創傷

安全感是情感問題中出現最多的話題。絕大多數女性都存在偷偷翻看伴侶手機的衝動，而且當對方沒有秒回自己的資訊時，她們就會感到焦慮，繼而產生很多不好的聯想。這就是缺乏安全感的表現。

在心理學家馬斯洛提出的需要層次理論中，人的需求從高到低分為五種，分別是：生理需求、安全需求、社交需求、尊重需求和自我實現需求。當基本的需求得不到滿足時，人就很容易沒有安全感。事實上，不僅女性會缺乏安全感，男性也會如此。

《奇葩說》的辯手姜思達，在外人眼中，他才華橫溢、特立獨行，能夠讓馬東為他定制節目。但他的人生並不快樂，他很難去相信一個人，哪怕對方是他最親近的人。即使在一段親密關係中，他也無法讓自己放鬆下來，依賴對方。

在他的印象中，他找不到關於家庭溫暖的記憶：父母無休止地爭吵，自己莫名其妙地被打罵……別人家總是熱熱鬧鬧，而自己家永遠是冷冷清清。

他說：「你必須小心翼翼地琢磨，現在大人是高興了，還是不高興了，你是該迴避還是要勸和。除了懂事，我別無選擇。」關於父親，他說：「**（父親的）**情緒很容易激動，那個激動是突然的，我不知道他下一秒會做出什麼事。」

這種童年經歷讓他一度感覺自己是一個被拋棄的孩子，給他留下了不可磨滅的創傷。

美國的一位心理學家說：「我們對一點點身體的傷口都會大驚小怪，卻對心理傷口毫無概念。」現實生活中，大多數人能夠察覺自己缺乏安全感，但無法意識到殘留在內心的創傷。從心理學角度來看，沒有安全感是由恐懼所面臨的事不會向著自己的預期進行所造成的。其根源來自童年時期被「拋棄」的經歷。

心理學家指出，每個人最初的安全感，來源於與母親的關係。剛出生的嬰兒會認為自己與母親是一體的，而隨著慢慢長大，他會逐漸意識到自己與母親是兩個獨立的個體。但在他能夠完全照顧好自己之前，對母親的依賴會一直存在。如果母親因某些原因與孩子的關係疏離甚至分離，孩子就會產生被拋棄的創傷。以至於孩子在成年之後，建立某種親密關係時，也會下意識重複這種被拋棄的可能。而事實上，這種被拋棄的情況很多時候並沒有發生，也不會真的發生，只是存在於潛意識中的一種想像，卻真的形成了一種困擾的情緒，影響正常親密關係的建立。

在童年時期經歷過「被拋棄」的創傷，從而缺乏安全感的人經常會出現以下幾種情況。

1. 反覆確認對方的存在

缺乏安全感的人，從他人的表現或行動上，總是會曲解出一個隱藏的含義，這使得他們脆弱的內心需要反覆確認對方對自己的愛。這就意味著與他們溝通是一件極其困難的事，他們沉醉於對方的安慰與照顧，可一旦對方將精力投身於自己的事情，他們的內心就會產生不安與焦慮，擔憂自己是不是被拋棄了。

2.強大的控制欲

缺乏安全感會導致他們產生強大的控制欲，他們不能完全相信他人對自己的忠誠，從而在親密關係建立之後，會對相處的細節進行無止境的探索，企圖將對方掌控在手中。但這種不斷的質疑會使對方陷入一個痛苦的處境，提高彼此之間親密關係的破裂風險。

3.變得極其依賴對方

他們缺乏責任感，因此，需要在伴侶的幫助下填補內心空虛，極力向對方發出越來越多關於愛情、讚美和永遠在一起的承諾。但這種情況會令人筋疲力盡。

沒有安全感是因為我們太懂得保護自己脆弱的心，擔心自己再次受傷，從而不敢將內心深處的傷痕暴露出來，任其發炎、潰爛。我們在腦海中不斷重複被拋棄的場景，只會一遍又一遍地加深痛苦。

所以，直面創傷才是治癒它的唯一途徑。缺乏安全感會使我們在一定程度上忽視自己內心的力量。心理學家提出，真正的力量源於對自己的愛。家庭、婚姻只是我們人生中的一部分，我們歇斯底里地從他人身上尋求安慰，不過是為了借由他們找到最好的自己。

當我們懂得強大內心，關愛自己，願意接受不確定性，並跟隨時代的變化調整自己的步伐，自然就會跳出安全感缺乏的泥沼。

「過度補償心理」所帶來的傷害

你有沒有過「明明白天上班很累，下班後卻不想早睡」的經歷？對習慣性熬夜的人來說，這就像是一種儀式感：我們一定要擁有屬於自己支配的時間。當我們需要花費大量的時間去處理工作、人際關係、情感生活時，留給自己支配的時間只有晚上的幾小時，無論我們有多麼疲憊，也要打幾盤遊戲、追幾集喜歡的劇，才能安然睡去。

這種帶有報復性質的熬夜行為，從心理學角度來看，是一種過度的補償心理。個體心理學家阿德勒在《理解人性》中對補償心理做出了解釋：當人們因生理或心理問題感到受挫時，便會不自覺地用其他方式彌補這種遺憾，用以消除內心的焦慮和不安。

這種補償心理建立在個體對自己、對他人正確認識的基礎上。比如天生存在某種生理缺陷的人，他們的右手無法正常書寫與繪畫，但他們經過努力之後，不僅能夠使用左手進行書寫與繪畫，還要比正常人更加出色。

而過度的補償心理是指：個人沒有對自己形成正確的認識，無法正視自己的缺陷與脆弱，不能積極地去面對，以至於他不滿足於等量的補償，而是將補償的部分進行誇大或強化，甚至出現病態。就像熬夜一樣，我們為了補償白天無法自由支配的時間，便通過熬夜到半夜兩三點來彌補這一天的遺憾。

電影《一個購物狂的自白》中，女主角麗蓓嘉就是因為小時候對漂亮衣服的渴望無法得到滿足，從而在長大後對購物充滿了熱情，以至於無法控制自己的購買欲望，最終導致自己債台高築。

一個人產生過度補償心理的根源在於幼年時的弱小、無助和自卑。由於周遭環境的限制，脆弱的個體會在自卑、無助帶來的痛苦的折磨下，將生活的所有目標指向某一個渴望滿足的目標。在追求補償時，正常的生活方式已經不能令其滿意，而在此情形下就會表現出某種誇張的補償行為。

但是，「過度補償」往往無法給人真實的安慰，反而會對身體和心理造成傷害。比如在過度熬夜之後，我們無法承受熬夜產生的各種後果，只能在第二天繼續熬夜，進行過度補償。長此以往，白天時精神不振以及皮膚老化、黑眼圈嚴重等問題會越來越嚴重，甚至造成慢性的睡眠紊亂。

另外，在情感生活中，很多人也會存在「過度補償心理」。比如一對戀愛中的情侶，女生每次惹男生生氣後，只要主動道歉就能夠獲得原諒。那麼在兩人分手時，女生就會習慣性用道歉等方式試圖挽回對方，送關心，送禮物，想著將所有缺失的、虧欠的通通彌補回來。但實際上，這樣的挽回是十分盲目的，你沒有深入思考過彼此分開的真正原因，也無法洞察問題的嚴重性，只是一味地將分手的過錯歸結到自己身上，一門心思地補償對方。

這種過度補償的心理會將你變成一個感情的修繕者，為了挽回這段破碎的感情，竭力地去滿足對方所有的要求，不斷地退讓與妥協，讓本就自卑的心理低微到塵埃中，以至於在下一段感情中，依舊無法主動控制感情的走向，繼續被感情傷害。事實上，愛情的產生源自兩個人彼此間的互相吸引，雙方是平等的，而並不是一方通過乞求或卑微換取對方的感情。

那我們該如何改變自己的過度補償心理？

心理學家阿德勒曾指出：「每當人們感受到自卑感時，他們就會自動地用補償填補需求。」簡單來說，過度補償實際上是在抵消我們的自卑感。所以，我們要將注意力轉移到自己的內心，直面當前陷入的困境。

對熬夜而言，我們應該意識到熬夜並不能改變時間無法自由支配的現狀，而是該通過合理規劃白天的工作和生活，為自己預留出喘息的空間，從而逐漸消除被控制感，減少夜晚補償的動機；而對挽回而言，應直面自身的弱點，重新建立自身的吸引力。喜歡源自相互吸引，吸引力下降，喜歡的程度就會逐漸消退。人都具有一種向高價值的事物靠攏的傾向，而一味地進行低價值付出的行為只能感動自己。

一個人內心的自卑與脆弱，是產生過度補償心理的根源，想要真正地改變這一現狀，就不能逃避內心，勇敢地面對才是唯一的內心強大之路。

討好型人格的根源：從小被忽視

你身邊有沒有這樣的人？他初入職場，面對很多新同事，為了更快地融入圈子，主動迎合對方，為同事端茶倒水、幫忙帶飯、拿快遞等，想盡一切辦法維護好同事關係；他新交到一個女朋友，為了維持這段感情，各種討好，不管女友提出什麼樣的要求，都儘量滿足她……而這種與人相處的態度，就符合「討好型人格」的行為模式。

心理學家哈里特・布萊克在《討好是一種病》中寫道：「關於討好有一個很大的誤解，很多人會覺得它是一種良性的心理狀態，畢竟看起來，被當作好人總是不錯的，但實際情況是，很多討好者，已經不是簡單地取悅他人，而是無法控制地討好他人，下意識地犧牲自己，甚至對來自他人的讚賞和認可上癮。」由此可見，「討好型人格」是指一味地討好別人而忽視自己感受的人格。而從心理學範疇來看，「討好型人格」是由於內心缺乏安全感而產生的一種從眾心理，因為害怕孤獨，擔心與周圍的人群或環境格格不入，所以對一切事物都選擇妥協。

蔣方舟在接受Know Yourse lf 採訪時說道：

「我總是小心翼翼，在和人交流時擔心冷場，想要不斷照顧別人的情緒，不會表現出任何傷害性和攻擊性。」

「除了最近一年的時間，我從來都沒有和人吵過架，我沒有跟人發生衝突的能力。」

「我是那個圈子裡年齡最小的，所有人都認為我是晚輩，都覺得可以來指點一下我。我也總會認為自己需要『謙卑』一些，於是也會拿出很諂媚的姿態來，放任大家的指點。」

「我從來不敢和人提出真實的意見，都是在一味地誇獎他們，像一個每天笑臉迎人的店小二。」

而這恰恰是「討好型人格」所具有的特徵。結合現實中的案例，我們可以總結出「討好型人格」的人具有以下幾種特徵。

1. 不敢說出內心的真實想法

由於內心的敏感和脆弱，他們總是擔心一旦自己說出真實的想法，會遭到他人的嘲笑，不被他人接納，更擔心遭受他人的攻擊。於是，他們總是不願表達內心的真實想法。

2. 主動道歉

他們在遭遇某種變故時，總是會擔心與別人產生衝突，所以，他們希望用道歉儘快結束或避免衝突的發生。

3. 迎合他人

在社交過程中，他們總擔心別人不高興，卻忽視自我的情緒。所以，他們在生活中總是小心翼翼，將自己的地位降到最低。

4. 不懂得拒絕

他們十分在意他人對自己的評價，擔心拒絕別人，會招致對方的厭惡。而不拒絕，是他們維持良好關係的方式。雖然能夠減輕他們內心的愧疚與負罪感，但會在無形中承受更大的壓力。

5. 沒有原則和底線

他們希望和他人保持和諧的關係，以至於在交往過程中，有時會變得沒有底線和原則。但這種處世方式反倒不會收穫他人的尊重。

總的來說，「討好型人格」就是過於在乎他人對自己的評價，為了避免衝突，進而隱藏自己的情緒。那麼，這種人格究竟是如何形成的呢？

這就要追溯到一個人的童年時期。如果一個孩子經常被父母或周圍的人忽視，甚至批評和指責，他就會因為缺乏安全感而迫使自己迎合對方，不惜犧牲自己、貶低壓抑、委屈自己，努力去滿足別人，以交換到別人對自己的關注和認可。長此以往，「討好」逐漸內化成對自己錯誤的認知，導致無論什麼事情，他們總是會先顧及他人的感受，一味地迎合別人。歸根結底，「討好型人格」源自內心的脆弱所產生的恐懼，恐懼他人的漠視帶來的孤獨。他們也具有自己的情緒，只不過在面對任何事情時，下意識選擇討好罷了。

「討好型人格」的人往往會承受更大的壓力，因為他們不清楚自己什麼時候會令身邊的人不開心，為了避免這種情況的發生，他們事事小心謹慎、如履薄冰，但這種方式會使自己的生活變得泥濘不堪。

電影《被嫌棄的松子的一生》中，女主角松子因「討好型人格」，一生滿是悲慘。松子的妹妹從小體弱多病，於是，松子自然而然成了被父母忽視的對象。在松子的印象中，父親唯一一次對自己笑，是她無意間扮了個鬼臉。於是，她一次次地扮小丑來博得父親的關注。

松子長大之後，交往了幾位男朋友，從街頭混混到有婦之夫。即使她每次都投入所有的感情，他們卻沒有給過她真正的愛。她的感情就是不斷傾情付出，不斷重複受到傷害的過程。最終，松子在臨終前留下了這樣一句話：「生而為人，我很抱歉。」

一味地討好別人，自己低微到塵埃中，並不會換來所期待的他人的尊重、關注與喜愛。事實上，毫無底線地迎合與讓步，只會令對方離你越來越遠。

所以，我們不要過分放大他人對我們的評價，不必發一個朋友圈都太過在意別人的點讚與評論，小心翼翼地思量是否會觸犯到對方，不要對他人的負面情緒懷有愧疚的心理。我們要勇敢地拒絕不符合自己原則或超過自己底線的行為。有了拒絕的勇氣，才能更好地取悅自己。

遭遇校園霸凌後的脆弱和自卑

電影《少年的你》上映，再一次將校園霸凌這一話題推到了風口浪尖。在每個人的人生經歷中，或多或少都存在校園霸凌的影子，而對被霸凌者而言，這將是一場揮之不去的噩夢。

喬西在上初中的時候，身邊有一群關係不錯的同學。在一次考試中，她拒絕了幫助其中一個女同學作弊，從而遭到了對方的報復。

上完體育課之後，她的書包被人翻亂了，裡面的東西全都被倒在了地上，而被拒絕的女同學也開始和全班的人說她的壞話，導致班上的每一個人都用異樣的眼光審視她。最過分的是，當她上廁所的時候，對方也會踢開她的門。很長一段時間，班上的人都不願意和她說話。為了追求友誼，喬西開始將心思放在如何討好其他人上，導致成績一落千丈。

喬西長大之後，表面給人的印象很隨和，其實內心很擔心因為自己說錯話而得罪別人，任何事情都小心翼翼，不敢表達自己真實的感受。而在人際交往方式方面，她一方面喜歡交朋友，另一方面不敢與人交心，害怕被對方傷害，整天沉浸在自卑與怯弱之中。

經調查顯示，學生時期遭受過校園霸凌的人，在長大後更容易出現自卑、抑鬱、無法信任別人等心理問題，同時也更容易在人際交往過程中存在社交困難等諸多問題。我們本以為被霸凌留下的陰影，會如同電影中陳念母親所說：「很多事情，長大了就會忘了。」但實際上，無論經過多長時間，心中的傷痕依舊會隱隱作痛。

校園霸凌大致分為三種：身體暴力，如毆打等侵害人身安全的行為；言語暴力，如辱罵、造謠等；冷漠排斥，如被大部分人孤立。現實中最常見，也是傷人最痛的就是第三種，手不沾血卻足夠將人推入深淵。

從心理學角度分析，當一個人被眾人孤立時，他最初的情緒一定是憤怒，取而代之的會是無窮無盡的自卑與羞恥，彷彿有一個聲音一直縈繞在耳邊：「我是一個很差勁的人，沒有人喜歡我。」如果得不到及時的理解與疏導，這種自卑感會越發強烈，最終將被霸凌的原因歸結到自己身上。

心理學家埃里克森認為，一個人的十二歲至二十歲之間是確立自我價值的最佳時期，而被霸凌的人往往會出現認知混亂的情況，一方面渴望著解脫，另一方面深陷黑暗中不願掙扎。而這一時期的認知混亂會導致他們在成年後更加難以融入社會。

內心的自卑與脆弱不斷發酵，使「孤立」走進惡性循環。如果選擇妥協，被霸凌者會對外界充滿恐懼與不信任，這就容易導致他們在進入一個新的群體時，不敢輕易去建立新的社交關係，與當前的環境格格不入，於是，他們又會被新的社交圈子孤立。而如果選擇「以暴制暴」，被霸凌者在接觸新的圈子時，會以排斥他人的方式來保護自己，而這種強行的自我封閉，會令周圍的人敬而遠之，再次被孤立。

心理創傷的形成大部分來自情緒的積累。當人們遭受霸凌時，神經系統感受到外界的威脅便會聚集大量的能量進行自衛與反抗，在正常情況下，人體內的情緒是自然流動的，如果人們沒有將產生的想法表達出來，那麼本該自然流動的情緒就會受阻，一旦這些能量得不到及時的釋放，得不到有效的疏解，就會困在身體裡，給人們帶來持續性的傷害，促使心理創傷的形成。

那我們在面對遭受霸凌後留下的創傷時，該如何消除內心的自卑與脆弱？

1. 主動向他人傾訴

絕大多數人在少年時期遭受霸凌後都選擇了沉默，甚至多年之後，身邊最親近的人也不知道這些事。但事實上，這些慘痛的經歷並不會隨著沉默而被抹去。所以，主動向自己信任的家人或朋友傾訴，會有一種被理解、接納的感覺，從而使得長期壓抑的情緒得到釋放。心理學研究表明，他人的理解與支持是緩解霸凌創傷的最佳方法。

2. 關注自己的感受

遭到他人孤立的人，對自己的感受有一種幾乎麻木的漠視。這種情況的產生源自父母或老師的輕視。當你遭受孤立時，父母可能會說「好好學習，別想太多」；老師可能會說「同學都沒有惡意的，別亂猜」。久而久之，你就很難界定自己的判斷是否正確，而只有羞恥與自責相伴左右，揮之不去，以至於為了獲得他人的認可，而一味掩飾自己的情緒。

心理學家指出，一個人的所有情緒，無論孤獨、悲傷，甚至憤怒，都沒有對錯之分。真切地感受自己的情緒，表達自己的感受，是消除內心負面情緒的第一步。

正視自己的經歷，感受內心的情緒，學會從不同的角度解讀人生，讓改變發生在你的心理和身體上，終有一天，你會看到烏雲後的陽光。

被性侵後一直活在陰影裡

有一個女孩曾在網上求助：

在小學三四年級的時候，我曾被鄰居家的大哥哥性侵，因此對男生產生了厭惡情緒。長大後偶爾談一場戀愛，我也會隨便找一個理由分手，覺得對方活該被傷害。身邊的人都認為我太高冷，其實我的內心很自卑，總是覺得自己不配被愛。曾經被傷害的畫面總是一次又一次地出現在夢中，一直無法走出過去的陰影，我是不是只有自殺才能得到解脫？

「性侵」一詞總是伴隨著骯髒與罪惡，也是對人影響最大的一種心理創傷。很多人在被性侵之後，再也無法喚醒內心的光明，甚至選擇以自殺的方式終結生命的黑暗。

作家林奕含因為十三歲時被自己的老師誘姦，導致多年後仍不能走出陰影，最後選擇在家中上吊自殺。

聞名世界的搖滾樂隊林肯公園主唱查斯特・貝寧頓幼年被性侵，即使後來有了孩子和愛人，也依舊無法擺脫曾經的陰影，選擇用自殺來結束一切。

四十九歲的珍妮・海恩斯，從四歲一直到十六歲，長達十餘年的時間，她一直遭受著父親的性侵和虐待。在這些日子裡，她分裂出了兩千五百種人格，來分散自己的痛苦，也因為這些不同人格，她一直在痛苦的邊緣掙扎。

十七歲的荷蘭女孩諾亞，被性侵三次後，她在日記中寫道：「我常常很害怕，常常都保持警戒，我的房子被破門而入，我的身體，永遠無法被還原。」「我重蹈那些恐懼，那些疼痛，日日如此……」最終，她選擇了安樂死。她說：「經過這麼多年的戰鬥，我不堪重負，用盡了所有力氣。」「不要試圖去說服我，不要告訴我這樣的選擇太傻了。雖然我一直在呼吸，可是我知道，我已經死去很久了……」

以上這些事件讓人止不住地心痛，明明是強姦犯和性虐實施者做的惡，所有的後果卻要讓受害者來背負，傾其一生為代價。

女孩受到性侵犯，給她帶來的傷害不僅是身體上的，還有來自心理上的傷害，而後者就是將她推進深淵的那一雙手。

對一個女孩來說，公開承認自己被侵犯是需要勇氣的一件事，於是，很多人都選擇了沉默。從心理學角度分析，這種沉默恰恰助長了心理創傷的形成。當性侵發生時，女孩往往處於弱勢或懵懂的狀態，從而在內心產生極大的屈辱、憤怒和仇恨感。一旦當事人因某種顧忌或沒有能力懲罰兇手，這些本該指向兇手的負面情緒便會指向自己。

在關於「性侵」的心理諮詢中，大多數受害者會將責任歸為自己。比如為什麼要去那個地方；為什麼聽信某人的謊言等。從心理學角度來看，這種自我攻擊才是令人陷入巨大痛苦的根源。而且，當被性侵的經歷被公開，被侵害者往往會受到二次傷害，父母的過激表現（**指責被害者穿著或行為**）、媒體的關注（**曝光被害者**）、輿論的質疑（**謠言或妄加猜測**）、指責等負面反應會加深被侵害者內心的自責，從而增加她們的心理負擔。

由於傳統思想的存在，被性侵的女孩會認為自己受到了最骯髒的污染，自己的一生都被毀掉了，從而情緒變得低落，內心充滿了自卑。她們會非常懼怕與他人接觸，特別是身體接觸。即便是無意間的身體觸碰，也會讓她們感到恐慌，從而導致人際交往上的障礙。另外，性侵犯會導致被害女孩對性的態度發生扭曲。就算結婚後，她們也很難在與伴侶的親熱中產生感覺，無法全身心放鬆地投入夫妻生活中。更為可怕的是，她們有時會處於一種麻木的狀態，以自殘、自殺、放縱「性」等行為進行自我傷害。比如一位女性在遭受性侵害之後，乾脆破罐破摔一夜情成癮，很快染上了重病；將自殘行為當作自我懲罰，緩解自責情緒；以終結生命為代價，告別長期籠罩在內心的陰影。從心理學角度來看，這類行為，是在內心潛意識的自我毀滅的指令下進行的。

在大多數人的認知中，性侵一般是男性施行的暴行。而事實上，男性也會遭到性侵。與女性受害者一樣，性侵對男性的傷害不僅停留在身體上，更體現在心理上。他們對過往的經歷羞於啟齒，避免招致更甚於女性受害者所遭受的奚落。

性侵造成的傷害，會令受害者強迫性嫌棄、排斥自己。那麼我們該如何從性侵的沼澤中走出來，走上自我療癒之道？

1.懂得求助：從支持中獲得力量

人生中最大的痛苦莫過於陷入絕境的無力感。當你處於絕望的時候，一定要學會向他人求助。報警沒有什麼恥辱的，尋求幫助也不會讓你人格受辱。

2.接納自己：受害者永遠是無罪的

你遭受了一件惡性事件，但這並不是你的錯，你還是曾經的你，唯一改變的是你對自己的看法與態度。所以，你需要從改變自己的認知開始，學會接納被傷害過的自己，並告訴自己：你只是一個無辜的受害者，你沒有對不起任何人，你有資格好好活下去。

如果被侵犯的時候年齡尚小，請你告訴自己：當時你還是個孩子，沒有成人的判斷和自保能力。你的父母沒有保護好你，他們的確失職了。

最重要的一點是，受過性侵後，如果要避免二次傷害，一定得訓練自己一種理智上的本領——視他人的偏見如狗吠。如果是更為嚴重的創傷後遺症，就要及時進行專業的面對面系統治療。

失去至親，心理一度崩潰

古人云：「人有悲歡離合，月有陰晴圓缺。」生命的開始與結束是一個正常的自然過程，任何人無法妄加干預。親人的離去對任何人來說，都是一種遺憾與痛苦，更是內心無法撫平的創傷。

劉俊傑十二歲就失去了自己的親生父親，之後幾年時間，他都是和母親一起生活，偶爾在腦海裡還會回憶起曾經父親帶著自己出門玩雪的場景。劉俊傑最怕過節日，特別是春節，家裡所有的親戚都要聚在一起，表妹、堂哥、堂姐都有自己的爸爸，只有劉俊傑沒有，這時候劉俊傑會非常失落。長大以後，劉俊傑更是直接不回家過年，常以加班為理由不回家。一次他高燒，昏睡在床上，大腦不清醒的他喊著「爸爸」。他的母親把這一切都看在眼裡，忍不住為他擔憂。

親人的離世大致分為兩種情況，一種是初顯離世的徵兆，如長期患病等，家屬已經做好了心理準備，更容易從痛苦中解脫出來；另一種是親人的突然離世，如猝死、意外等，家人一時無法接受這種結果，導致心理創傷的形成。

從心理學角度分析，失去至親的心理創傷源自無法接受對方去世的事實。當死亡的消息突然而至，人一般會處於麻木或震驚的狀態，隨之，痛苦、無助以及恐懼等情緒一次又一次地衝擊著腦海，逐漸吞噬理智，導致沉浸在悲傷中的人無法接受已經發生的事實。

死者已逝，生者就更應該受到關照。親人離世的打擊固然很大，我們害怕分離，害怕生離死別，唯有堅強，才可以安慰自己。從一開始應激反應，產生驚嚇、悲傷、眩暈，到長時間悲傷引起的坐立不安、精神恍惚、萎靡等狀態。過度沉浸在悲傷中甚至會影響到家庭正常生活，這樣下去確實不是辦法，所以，我們需要自行治療那些失去家人的痛。

許多人逃避現實來忘記親人的離世，避免回憶過去。比如遠離家庭聚會，不和家人過重要節日，突然和家人保持距離。這樣的行為不止展現了一個人懦弱的一面，還傷害了其他家人的心。所以，在面臨親人離世的悲痛時，要先接受離別，看清現實。在保持大腦清醒的情況下才能逐漸適應現實生活。我們要告訴自己，親人確實已經離開，就算心裡還沒有準備好，但是木已成舟。

我們常在電影裡看到活著的人替死去的人完成心願，其實這也是緬懷親人的一種形式，這種方式就彷彿親人還是一直陪伴著我們，與我們一起去做親人生前沒做完的事。如果想要暫時忘掉痛苦，可以做一些簡單重複又容易投入的事情，比如，打遊戲、旅行、運動、體力勞動等。

內心悲傷甚至會轉換成對死亡的恐懼，這時候我們可以去城市的各個養老院、孤兒院、流浪貓狗收容所等地方做義工。給予幫助和關懷，使內心平靜，淨化身心。甚至可以收養一隻流浪貓或者狗，代替曾經親人的陪伴。

如果一個城市有很多和親人有關的回憶，回想起來會很傷心，那麼就換一個環境，換一座城市居住，或者去另一個地方旅遊。在不一樣的城市，可以把內心的回憶暫時抹去，獲得內心平靜。

失去親人不等於失去全世界，生活中還是有很多人可以去交流。多和朋友聊天，多去社交，不封閉自己，敞開心扉，時間自然會治癒我們的心。

被分手的最大傷害是不敢去愛

你的身邊有沒有這樣的人：他們條件優秀，卻依然選擇單身，對身邊的「桃花」熟視無睹，細聊之下，你會發現他們都曾奮不顧身地愛過一個人，但如今不敢再奢求一次甜蜜的愛情。

海源是一個各方面都很優秀的男孩，他曾擁有一段刻骨銘心的愛情，卻以失敗告終。自從與前女友分手之後，三年的時間裡他一直保持著單身的狀態。他為她學吉他、學做飯，對她的關心遠勝於自己，但這段感情依然以「性格不合」走到了終點。

海源說：「自從分手之後，我很長時間都沉浸在痛苦之中，一直思索自己哪裡做得不夠好，也嘗試著挽回這段感情。但她走得異常決絕。直到有一天，我發現她在與我分手一個月的時候，找到了一個新的男友。從此，我不願再輕易相信感情，即使對方的條件確實不錯，我也會花費很長一段時間權衡。以前我對愛毫無保留，現在可能因為年齡越來越大，越不容易愛上一個人吧。」

為什麼有些人在分手之後，再也不願去觸碰愛情？是因為擔心自己的深情被他人辜負，還是認為愛別人不如愛自己？

其實，他們只是無法妥善地處理分手造成的心理創傷。戀人關係實質上是一種親密關係，而這種關係的突然喪失，會令一個人的正常生活，特別是精神層面產生不適，從而陷入痛苦與煎熬之中。為了避免再次陷入當下的困境，他便會拒絕開始下一段感情。

心理學家認為，以下三種分手方式產生的心理創傷尤為嚴重。

1. 遭到對方背叛而分手

一段親密關係建立在彼此相互信任、相互依賴的基礎上。在戀愛期間，我們會下意識將對方各方面的資源歸納給自己，甚至將對方看作自己的一部分。而對方的背叛行為會破壞彼此之間信任與依賴的關係，使雙方從一種相互信任的狀態轉為敵對狀態。

背叛會導致當事人的信仰崩壞，認為自己一直處於被欺騙的狀態，從而造成個體認知失調，對一個人的心理也是一種極大的刺激。於是，當事人在分手之後很難再去相信他人，使親密關係的建立越發困難。

2. 沒有明確緣由而分手

大多數人或許都經歷過這種情況，沒有理由，甚至沒有見到對方，就莫名其妙地結束了戀愛關係，並被刪除了所有聯繫方式。這種行為不僅對當事人造成了傷害，還帶給他們一種朦朧感。他們不清楚分手的具體原因，就會不斷猜測到底是什麼原因令對方提出了分手的要求。

是不是自己哪裡做得不夠好？還是對方移情別戀？不斷的自我懷疑會令當事

人長期處於被動狀態，戀愛的自信心受到嚴重的打擊，從而對戀愛產生一種不自信的態度。

3. 滿懷期待下被分手

心理學研究表明，人對自己尚未完成或尚未得到明確結果的事情，更難以忘懷，戀愛關係也是如此。當你正滿心歡喜地經營這一段感情，甚至已經為彼此的將來做出規劃時，分手的消息會打碎你的期待，從而令你產生一種強烈的失落感，期望越大，受到的傷害也就越大。

總而言之，人會因趨利避害的天性而在遭受分手後放棄戀愛的想法，並以各種各樣的態度拒絕戀愛關係的建立，比如認為自己和他人在一起依舊會被拋棄的放棄型心態；認為感情誤事，好好工作賺錢的上進型心態；再也不給他人傷害自己的機會的自怨自艾型心態，等等。

對分手而言，我們更多的是需要對自己做出引導，調整對自己的認知，不要長期糾結在「沒有人喜歡我」「我喜歡的人都會離開我」等問題上，找一個親近的人傾訴並尋求安慰，釋放自己積壓的情緒。

懂得管理自己的生活，從生活的各種習慣開始，嘗試將對方剔除出去，比如將對方遺留下的物品清除，避免在日常生活中激起內心的創傷。同時，通過做一些有意思的事情轉移注意力，如旅遊、聚會、看電影等。

電影《真愛至上》中有一句經典的台詞：「有時候真愛就是一種選擇，決定對某個人只是給予，不求回報，不執著於他是否會傷害你，是否他就是真愛。愛情也許不是降臨到你身上的，而是一種選擇。」它的意思是，愛一個人的時候是不求回報的，就算他傷害了你，你也會用心對他好。成長從來都沒有偷走你的勇氣，只是你受過幾次傷，就不再敞開心扉罷了。

其實，**成長就是遇見許多不同的人繼而分別的過程，迎來送往是人生的常態**。我們要知道，有的愛情到達的終點是婚姻，而有的愛情只是給我們上一課，告訴我們什麼是不合適，然後去尋找真正對的人。

重複失敗造成的習得性無助

希臘神話中有這樣一個故事：一個名叫西西弗斯的人得罪了眾神之王宙斯，宙斯懲罰他每天將一塊巨石推到山頂，然而巨石達到山頂之後又會滾落到山底，他只能繼續將巨石推上山頂，如此往復，永無止境，看不到任何希望。

現實中有很多人像西西弗斯一樣，自己努力了很久卻無法達到預期的效果。久而久之，他們開始感到無力抵抗「命運的力量」，彷彿一切努力都是徒勞，認為自己天生就不是這個料。

而實際上，這只是不斷遭受失敗的打擊形成的一種習得性無助。習得性無助是指因重複的失敗或懲罰，而放棄努力的消極行為。從心理學角度分析，習得性無助是由於不斷的努力仍無法達到預期，從而導致對現實妥協和無力的心理創傷。

心理學家認為，習得性無助的心理源自多次失敗而產生的挫敗感。當一個人在經歷多次失敗後，會對自己的智力、能力產生懷疑，認為自己無論多麼努力，也無法獲得成功，進而對生活失去積極的預期，產生自暴自棄的消極心理。

不良的歸因方式也是其中一大誘因，當一個人將造成自身學業、工作等方面失敗的因素歸咎為自己能力不足或智力太低，認為成功源自運氣時，就很容易產生內疚、沮喪和自卑的情緒，從而失去自信，將自己深陷人生的陰影之中。

而且，外界的負面評價也起到了推波助瀾的作用。就像每個人的人生中存在的那個「隔壁家的孩子」，因為他的存在，我們無法獲得周圍人應給予的關注與讚賞，這種嘲笑、責備，甚至侮辱，給予了我們消極的自我暗示。長此以往，我們就會逐漸喪失自尊，失去追趕目標的勇氣與動力。

當多次受挫和負面提醒造成的負面情緒長期積累，絕望漸漸在心中萌芽，以至於根深蒂固，從而導致情緒失調，失去進取心，甚至引發長期抑鬱。

習得性無助的形成受環境的影響頗大。一種極端的環境極易催發出習得性無助，如受虐待的女性、孩子、人質等，他們長期處在關押、虐待的環境中，已經接受了無法逃脫的暗示。當他們脫離這種環境時，依然無法嘗試面對任何事情，甚至經過一段適應期以後，仍無法正常生活。

家庭的管教方式也對習得性無助有很大影響。調查顯示，在過度管教或溺愛的家庭中，孩子出現習得性無助的機率要大於正常家庭。如果孩子在成年後還不能擁有正常的生活技能，或父母總是說教、命令，剝奪孩子選擇的權利，那麼孩子脫離家庭環境後往往會備感無力。

習得性無助是我們的大腦為了讓自己適應絕望環境、免於崩潰而做出的妥協狀態。想要改變習得性無助，心理學家給出了以下幾種方法。

1.判斷自己的歸因模式

當我們因不斷的失敗而選擇放棄的時候，我們應該客觀地分析一下，是否將一時的困難認定為永久的困境？是否將進入新環境的不熟悉感認定為能力不足？是否自己太過追求完美而導致畏首畏尾？

冷靜地分析失敗的原因後，再對症下藥，不能盲目地進入「我天生就不是幹這個的料」的習得性無助的狀態。

2.完成一個小目標，提升自我價值感

我們可以設定一些難度不高的小目標，從完成目標的過程中收穫成就感，逐漸建立自己的自信心，從而改變對自己能力和智商的認知。

3. 適當地降低預期

當我們對某項難以完成的目標產生無力感時，我們不要將自己拖入「不達目的不甘休」的誤區，因為這樣很容易因要求過高而產生挫敗感。不如適當地降低預期，從一個容易完成的部分開始，將「做不好」變成「能夠做些什麼」。

三毛曾說：「**面對聖人，我們一步一步走下去。踏踏實實地去走，永不抗拒生命交給我們的重負，才是一個勇者。**」所以，當我們眼看著希望一個接一個落空的時候，一定要沉著冷靜，千萬不要因為一時的失敗而無助，將自己拖進「習得性無助」的深淵。

第四章　真正的強大是敢於脆弱

鴕鳥心理：越逃避越受傷

前人曾認為，當鴕鳥被逼得走投無路時，會把頭鑽進沙子，以為看不見就是安全，這種心態被稱為「鴕鳥心理」。當痛苦像冰雹一樣突降，很多人就選擇了鴕鳥這種「掩耳盜鈴」或「視而不見」的應對方式，但這不僅不能減少傷痛的力度，反而會加深內心的痛苦。

通常情況下，痛苦並不是災難發生時的事件，痛苦的很大部分在於日後的我們總會一而再再而三地記起那件事，每次記憶時，痛苦的情緒就會再次湧上來，

周而復始。當我們在這種情緒中沉溺時，就會一直背負著過去的痛苦，不能自拔。內心強大的人懂得痛苦來臨時，直面它，因為你無處可逃。

傳說中，釋迦牟尼佛在世時，一位名字叫奇莎格達萊的女人為自己死去的孩子而難過。她不能夠接受孩子離開她的事實，到處尋訪名醫，希望可以找到挽回她孩子性命的藥物。聽說釋迦牟尼有這樣一帖藥，女人便來到了佛祖面前，請求道：

「你能給我起死回生的藥，讓我救活我孩子嗎？」

「我是知道這種藥，」佛祖回答道，「不過我需要一些做藥的原料。」

女人舒了一口氣，問道：「你需要哪些原料呢？」

「給我一把芥菜的種子，我要的芥菜種子必須來自一個從沒有孩子、配偶、父母或僕人死亡過的家庭。」佛祖說。

女人便開始一家家去要芥菜的種子，每個人家都答應給她一把芥菜種子，但是當她問及是否家中有人死亡時，才發現每個人的家中都有人死過。一家死了女兒，一家死了丈夫或父母，一家死了僕人。

奇莎格達萊沒有找到任何一家可以免於死亡痛苦的家庭。終於她明白了世上不是只有她一個人受苦，她放下了兒子的屍體，回到佛祖身邊。

佛祖慈悲地對她說：「你以為只有你一個人失去了兒子，但是死亡的律法是沒有人能倖免的，世間也沒有永恆不變的事。」

每個人都會經歷心靈傷痛，比如失戀，如果你通過醉酒來逃避，等酒醒了，你會發現你依然擺脫不了失戀的痛。不如勇敢去面對，告訴自己他確實已經離開，給自己幾天的時間盡情去感傷，想他以前種種的好和壞，哭也好，痛也好，笑也好，唱也好，一直想到沒有可想的，再回到現實中，去做自己該做的事。

痛苦產生的根源就是抗拒，正是我們情感的鬥爭使痛苦的感覺更強烈。如果能讓這些感覺自由表達，痛苦就會減少，反之則會加重這種情緒。因為無論選擇何種途徑來逃避面對痛苦，痛苦終究還是存在的。痛苦中，我們要明白，當現實無法改變時，我們必須坦然面對。

張少蘭的父親因為癌症離世，父親是張少蘭最尊重和親近的人。當時人人都驚訝於張少蘭如此從容地接受了這個事實。「當然我很傷心，」她用壓抑的語調說，「但是我真的沒有問題，我當然想念我的父親，但是生活還是要繼續呀！而且我現在也不能夠將心思都放在想念他這件事上，我要安排葬禮，替我媽媽處理他的遺產，我不會有問題的。」

但葬禮過後不久，張少蘭陷入了沮喪、失落的痛苦中不能自拔，最後不得不求助心理醫生。

心理醫生直截了當地對她說：「我想你應該花些時間面對自己的內心，從心裡去接納父親已經去世的現實，並容許自己傷心。在一段時間內，這可能讓你很難過，但過後你就會感覺好起來。」

淚水從張少蘭的眼中湧出，她終於毫無顧忌地哭泣起來。心理醫生說，讓悲痛爆發出來，是她恢復常態的開端，這個過程是她避免不了的，她需要經過這個過程，然後找到心靈的安寧。

張少蘭一直極力否認自己的感覺，想要逃避喪失父親的悲痛。她表示讓自己忙起來是為了沖淡因父親的死而感到的痛苦，但距離並不會消除痛苦，它只會讓痛苦埋藏得更深，在心中膨脹。只有面對痛苦，才能真正消除它。正如亨利・努文所說：「我自己對待悲傷的經驗就是面對它、體驗它，這才是使自己精神恢復常態的方法。」

看過電影《蘇西的世界》的人一定還記得活潑可愛的女孩蘇西。影片描述了蘇西遇難後，父親為了追尋兇手差點喪生。蘇西注視著親人失去她的痛苦，同樣自身也經歷著失去親人的痛苦和無助。於是，她勇敢地打開了那個沾滿血腥和罪惡的屋門，正視自己的悲慘遭遇和死亡的現實，這麼做意味著幫助親人們從失去她的痛苦中解脫出來，同時也意味著她從此去往天堂，再也見不到家人。

當然，在痛苦發生的瞬間，人都是脆弱的，不必逼自己一下子變得強大，給自己一點時間，去適應黑暗。《亂世佳人》中的主人公斯嘉麗說：「**明天又是全新的一天了。**」就像在內心播撒種子，我們所要做的就是給種子一點時間。

面對挫折，如果一味地埋怨、拖延，問題永遠在那，負面情緒也就會一直纏繞著你。唯有選擇面對它、解決它，才能從痛苦中獲得成長。

內心強大的敵人是「假自我」

心理學中存在關於自我的兩種概念：真自我和假自我。「真自我」指的是一個人順應本心，圍繞自己的感受建立的自我；而「假自我」是一個人傾向於隱藏自己的感受，以外界的評判和父母的期望作為行事依據，構建出的虛假自我。

「假自我」的人內心是脆弱的，他們不敢表露真實的自己，甚至逃避、膽怯。這種「假自我」往往就是想擁有一顆強大內心的絆腳石。

在一輛公車上，一位活潑可愛的小男孩正嘰嘰喳喳地和媽媽說著什麼。公車突然轉彎，這個小男孩沒有抓住媽媽的手，被車的慣性甩了出去，腦袋碰到了車的扶手，頓時號啕大哭起來。男孩的媽媽急忙將他扶起來，但男孩依然哭個不停，心裡十分委屈。

男孩的媽媽對他說：「乖，不哭了啊，你是一個堅強的小男子漢，再哭會被叔叔阿姨笑話的。」小男孩好像意識到了什麼，逐漸停止了哭鬧。

英國心理學家萊因曾說：「有真自我的人，他的身體和他的感受是在一起的；而假自我的人，他的身體是和別人的感受在一起的。」就像小男孩一樣，為了避免受到他人的嘲笑，而拒絕表達內心的真實感受。精神分析學家溫尼科特認為，這種「假自我」的形成，源自一個人幼年時家庭的環境和教育。當父母在發洩情緒時，孩子會本能地將父母產生負面情緒的原因歸結到自己身上，從而壓抑自己的感受去討好父母。長此以往，他們便會自動尋找他人的感覺，形成一種虛假的自我。

「假自我」的明顯表現，就是總不能與自己心儀的人建立親密關係。他們以迎合對方的感受來經營愛情，但實際上他渴望的是一個能看到他內心脆弱的人。

相對而言，「真自我」者是具有價值感的人，他們敢愛並且擁有強烈的歸屬感，生活井然有序。「假自我」的人則缺乏自我價值感，總是疑惑自己是否能做好，甚至為一件事情愁上很久。兩者之間的變數就是：是否相信自己有價值感。

鄧肯是美國著名舞蹈家、現代舞創始者。她在六歲的時候就能教自己朋友跳舞了，她在以後的舞蹈練習中，開始討厭僵化、刻板的古典芭蕾舞動作，她欣賞在舞蹈中展現自然的節奏、律動的動作。她認為自己不應該為柴米油鹽而去跳商業化舞蹈，自此，她更加專注於表演和詮釋音樂家們的作品。

廿一歲的時候，鄧肯不得不去英國謀生，在英國的大不列顛博物館中，她發現古希臘藝術的美，她從這些雕塑和油畫中感受到自己理想的表現方式。就是穿著長衫，光腳，肢體像是海浪在翻滾或是樹枝在搖擺。

從古典音樂中發現靈感，追求用肢體語言表達神聖的人類精神世界，鄧肯又認為技巧會玷污人體美感，動作來源於自我感受，她的舞蹈大多是在表現生命，這些自我感知舞蹈動作，讓英國觀眾耳目一新。隨即，鄧肯又在歐洲多個國家巡演，獲得了巨大的反響。

內心強大的人會堅信自己的感受，才能完成某些事，獲得成就感，而「假自我」正好相反。想要擺脫「假自我」，擁有一顆強大的內心，我們就要做到以下幾點。

1.表達真正的自己

勇敢面對自己的一切。勇敢就是善於表達，能夠在任何場合流暢地向別人介紹自己。能夠在眾人中展示自己的全部，包括自己的不完美。拿出一個坦誠的自己，有同情心，有包容心。能夠善待自己，願意把自己放開，拋棄幻想換取真實的自我。

2.直面自己的軟弱

承認自己軟弱的一面。要知道柔軟的東西會讓人變得舒服，會讓人變得溫柔，會第一時間向愛的人表達自己善意的想法。逃避脆弱不是辦法，逃避的行為只會讓生活更加頹廢和失敗，酒精、網路等不只是麻痹了自己的懦弱，還有快樂、幸福、剛毅。所以「假自我」的人要停止拒絕和嫌棄自己的軟弱。

當我們把因脆弱而選擇逃避、憤怒、爭吵、追求完美的一面拋棄，就會重新正視自己的內心。直視脆弱的一面，帶著一份感恩，一份全心全意愛自己的心。在消極情況下，不要總想著糟糕的事情，而是享受脆弱，感受這份渺小地活下去的希望。直面懦弱的人內心更加強大，停止被別人擺弄，放棄外界對你的枷鎖和評價，選擇做自己，圍繞著自己感受世界，承認自己身上的每處缺陷。

歌手朴樹在歌曲《在希望的田野上》中寫道：「人們都是這樣匆忙長大，

那些疑問卻從來沒有人解答。」正是因為假我把真我關在黑暗中，才會找不到解答。這時候撕掉身上標籤，給自己增加一些積極的標籤，保持著真我探索世界，保持好奇，不要帶有太多目的性，才能對自己產生最大的興趣和自信。

美麗困境效應

有人說，世界容不下弱者，於是，偽裝便成了生活的必需品。我們不斷掩飾自己的缺點、無知與脆弱，甚至委屈自己來假裝強大。但是，我們真的對心理的脆弱如此抗拒嗎？

紐約魯賓藝術博物館，曾經舉辦過一場名為「焦慮與希望的紀念碑」的展覽。參觀者受邀在小紙條上分享他們最深切的恐懼和願望，將其以匿名的方式成為展品。牆上掛滿了各種各樣的「焦慮」，人們在這裡坦誠地暴露了自己內心的脆弱和缺點。

「我很焦慮，因為我害怕自己會孤獨終老」「我很焦慮，因為我可能會錯過做媽媽的機會」「我焦慮是因為自己不能給兒子一個家」……

這五萬多張紙條表達了很多人內心的想法，如果沒有這場展覽，這些想法不會被公之於眾。因為他們擔心過度展示自己的脆弱，會遭到他人的否定。

但心理學研究顯示，人們只不過是自動放大了這種恐懼。心理學中有一個名詞：「美麗困境效應」。指的是，一個人看待自己的脆弱與他人如何解讀它們之間存在很大的差異。他會傾向於認為，暴露自己的弱點會使他們顯得軟弱、不足，存在缺陷。但在其他人的眼中，這些弱點反而令他更具吸引力。簡單地說，就是他人會更積極地看待我們的脆弱，而我們也會讚美他人展示脆弱的勇氣。

舉一個例子：一對處於熱戀中的情侶，因生活中的瑣事產生了矛盾，導致兩人冷戰。當男生主動認錯，並討好女生以求原諒，你會稱讚他的大度與擔當，懂得包容女生；但如果這件事發生在你的身上，你會下意識地拒絕主動道歉，掩飾自己離不開對方的心理。這也就是為什麼我們經常鼓勵別人，建議他求助或主動認錯，而自己不敢暴露自身脆弱的原因。

對脆弱而言，為什麼我們對自己的評價要低於他人對我們的評價呢？從心理學角度來看，我們在面對脆弱時，會聯想到更多的細節，在腦海中模擬現實中的具體情景。此時，我們的注意力完全放在了具體情景上，而忽略展示脆弱的意義，從而變得焦慮和緊張；但對他人的脆弱而言，我們無法獲知具體的細節，所以只能以一種客觀的方式理解事情的本質。簡單來說，從當事人角度來看，他們會想像自己處於這種情況時，展示脆弱會顯得他們軟弱和不稱職；但從旁觀者角度來看，當他人處於這種情況時，他們則更傾向於將表現脆弱描述為「可接納的」「可以理解的」。

比如當我們主動認錯時，我們會聯想到自己拋棄自尊，低聲下氣，感覺十分糟糕。但當他人向我們講述了認錯的經歷時，我們會認為這種情況很正常。

心理學家研究表明，在一段親密關係中，不敢表達自身的脆弱，更容易損害親密關係。因為當你極力掩飾內心的脆弱時，對方很容易從你的表情與動作中，分辨出你是否表達了真實的自己。比如當你掩飾脆弱時，內心的焦慮與不安會導致血壓上升，臉色通紅。這也就是你為什麼能夠出現「對方是不是在隱藏什麼」的感覺。如果，對方對你有所隱瞞，你肯定會認為，對方不信任你，不願向你敞開心扉，沒有拿你當朋友。所以，當你極力掩飾內心的負面情緒時，會令對方產生你不信任他的感覺。如果向對方展示自己的軟肋，是給予對方最大的信任。這種做法能夠有效加深雙方的親密關係。

那我們該如何打破美麗困境效應呢？其實，當你意識到自己正處於美麗困境效應中時，你就已經開始試圖擺脫這種困境了。不過，其難點在於消除承認脆弱帶來的無能感。

我們要知道，我們之所以不敢向他人展示自己脆弱的一面，很大一部分原因是害怕別人看到真實的、不完美的自己，進而遠離、拒絕自己。所以，我們降低自動放大的負面影響，告訴自己，當別人看到我們表現出脆弱時，反而會認為我們有勇氣，因為這種行為象徵著力量，而不是軟弱。

你也可以找一個值得信任的人，他能夠讓你表現出對脆弱的認可和包容，進而可以表露自己的脆弱。這樣，在降低自身心理負擔的同時，能夠在此過程中收穫展現脆弱的勇氣，從而促進與他人之間更深層的連接和加深彼此的關係，進而找到屬於你的歸屬感，成為真正的強者。

犯錯誤效應

每個人都不喜歡犯錯，不僅僅是因為犯錯會得到相應的懲罰，更多的是擔心暴露自身的不足，從而招致他人的輕視與嘲笑。但你有沒有想過，其實我們偶爾出現的一些小失誤，不但不會令人反感，反而會令他人心生親近感。

心理學家阿倫森曾經做過一項心理測試：他準備了四段不同錄影，分別展示了在同一訪談模式中出現的四種不同的訪談狀態。他要求被測試者從這四位被訪談者中選出自己最喜歡和最不喜歡的一個。

第一位被訪談者非常優秀，而且表現得完美無缺；第二位被訪談者非常優秀，但表現有一些小瑕疵；第三位被訪談者能力一般，而且表現平庸；第四位被訪談者能力一般，而且表現中存在失誤。

測試的結果顯示，最不受人喜歡的人，毫無疑問就是第四位被訪談者。但令人感到意外的是，最受人喜歡的人居然是第二位被訪談者。

而這種能力優秀的人，因細微的失誤而導致社交吸引力提高的現象，我們稱之為「犯錯誤效應」，也稱「出醜效應」。

為什麼出現失誤的人反而比表現完美的人更受歡迎呢？從心理學的角度分析，完美的人通常給人一種不真實、高不可攀的感覺，人們對這樣的形象一般只有敬畏，很難從心裡接納和喜歡。而一個人偶爾的失誤，會讓他人從心理上感受到他真實的一面。而且，當一個人的形象過於優秀，會帶給他人強大的壓迫感，令對方感到卑微。由於人的自我價值保護機制，任何一個人都不願去喜歡一個時刻提醒自己能力不足的對象。而小小的失誤，會令他人降低這種壓迫感，拉近雙方的心理距離，因此，能夠贏得更多人的喜愛。

但是，「犯錯誤效應」並不是社交的萬能公式。它的產生有一個重要的前提，即出現失誤的人具備優秀的才能，而且失誤也是可以原諒的小失誤。不然，你的失誤只會招致他人的嫌棄和排斥。

就像羅斯給出的案例一樣，一名女性向同事介紹自己時，不是提及她的學歷和獲得的證書，而是講述她前一天晚上是如何照顧生病的孩子而缺乏睡眠。而這使她花了幾個月的時間才重建了自己的威信。

所以，我們不必要求自己成為一個完美的人，將日常的失誤看作洪水猛獸。對自己的小缺點不加以掩飾，反而會獲得更多人的親近。簡單來說，可以從以下幾點做起。

1.懂得適當示弱

刻意追求完美，會給人一種做作的感覺，而且在人際交往中容易與他人產生爭執。示弱並不是認錯，示弱其實是一種暫時的退讓。懂得適當示弱，對一個人的處世來說是十分重要的。我們可以使用「我可能不是那麼優秀」「我可能不是太好」等相對婉轉且適應各種場合的語言來坦誠自己的不足。

2.展示自己最真實的一面

有人說：「人生如戲，全靠演技。」但事實上，那些能夠給人真實感受的表現才是更為珍貴的。一個人可以存在缺點，而如果能夠表現出真誠和真實的話，這種缺點非但不會惹人討厭，還會令人心生歡喜。

3.承認自己的錯誤

當我們出現某些失誤時，不要試圖替自己辯解或者推卸責任，而是要勇敢地承認這一失誤，且承擔全部責任。

古語云：「金無足赤，人無完人。」我們都知道完美的人是不存在的，一味地去追求完美，來掩飾自己的脆弱，無疑會為自己帶來一種負擔和壓力。人本身就如同斷臂的維納斯那樣，因為有了缺點，所以才顯得可愛。

允許自己喪氣一下

《馬男波傑克》被網友稱作世界上最喪氣的動畫片，該動畫片中有這樣一段話：「這個世界是一個殘酷無情的虛空。幸福的關鍵並不在於尋找人生意義，而在於讓自己一直在不重要的事情中忙忙碌碌地度日，直到死去。」這句充滿絕望和喪氣的話，就像是大多數年輕人內心的真實寫照。

不知道從什麼時候開始，「喪氣」突然成了一件稀鬆平常的事情。生活中影響好心情的事情比比皆是，比如好不容易下定決心為自己買一杯咖啡，但還沒來得及喝就被打翻在地；吃飯的時候臨時去了一趟洗手間，回來之後發現自己的餐盤已經被人收走了；熬夜完成的文案，被對方肆意更改主題……這種生活中突如其來的變故都會讓人感覺「喪氣」，感覺到傷心難過。

但是人生在世，遇到挫折是難免的事情，每個人都會出現力所不逮、悲傷難過的情況。你現在吃過的苦流過的淚，遭遇的種種失意，別人也都經歷過。這些事情並非只會發生在你一個人身上。

電影《奇蹟男孩》中有這樣一段台詞：「**真奇怪，你生命中最糟糕的一個夜晚對別人而言卻再平常不過**。比如說，在我家裡的日曆本上，我會把今天標記成我生命中最可怕的一天。今天是黛西去世的那一天，但對於世界上別的人而言，這只是普通的一天，或許是美好的一天，也許還有人今天中獎了呢。」

確實，如果我們陷入一種頹廢的狀態，會變得意志消沉、精神萎靡，以至於對生活不再充滿自信、希望和憧憬，對我們身心健康造成嚴重的傷害。

如果一個人總是被充滿負面資訊的事物環繞，自己的情緒難免會受到影響。很多人都會擔心自己成為一個充滿負能量的人，在陽光明媚的早晨說著喪氣的話，過著灰色的日子，於是，他們就會選擇將內心的負面情緒控制起來，避免受到它們的影響。但是，負面情緒並不會自己消失，如果我們長期積壓負面情緒，會不斷給我們消極的暗示，從而變得更加脆弱。

古人對待洪水時，使用了「宜疏不宜堵」的策略。我們對待負面情緒也應該如此，允許自己「喪」一下，是為了幫助我們為長期積壓的負面情緒找到一個宣洩的出口。就像網路上的網友回覆中所說：「為什麼喜歡喪，因為受夠了啊，受夠了全世界告訴你要向上，你要努力，你絕對不能鬆懈，不然就會被拋棄。受夠了那種對負面情緒避而不談掩耳盜鈴的態度。」

美國的不老神話卡門・戴爾・奧利菲斯並不是一個幸運的人。她出生於一個貧寒的家庭，在她很小的時候，父親拋棄了她和母親，這使得她的童年一直在顛沛流離中度過。

經過不斷的努力，她在十五歲的時候成了《VOGUE》封面女郎，迅速成長為一名炙手可熱的模特兒。在她正值事業巔峰的時候，她選擇了結婚，但是，命運又和她開了一個玩笑。從廿一歲開始，她一共經歷三次失敗的婚姻，並放棄了自己的事業。期間，她又遭遇了股票失敗、病魔纏身等眾多意外，開始變得沮喪、消沉。然而，在多年的沉寂之後，她走出了像噩夢一般的過往，選擇重新開始自己的人生，鑄就了自己的美麗傳奇。

所以，我們需要這種宣洩負面情緒的方式，但是，你在「喪」過之後，一定要記得生活還得繼續，你的一生不可能就這樣一直「喪」下去。「喪」一下確實能夠釋放你的負面情緒，但過度的「喪」會不斷消耗你對生活的熱愛，並將這種情緒傳染給身邊的每一個人。我們要切記，「喪」並不能拯救自己的人生，但是，你的努力可以幫助你逃離困境，遇見美好的未來。

放不下和不甘心

作家韓寒說：「聽過了很多道理，卻依然過不好這一生。」就像失戀的人一樣，明知道「天涯何處無芳草」「下一個會更好」，卻依然放不下過往，不甘心讓身邊的人就此離去。他們沉浸在不甘與怨恨之中，卻沒有發現世界還有很多美好在迎接他們。

為什麼我們會對曾經的事情不甘心、耿耿於懷？心理學中有一個「未竟事件」的說法，指的是一件令人久久不能釋懷，至今仍影響著你的決策和行為的未完成事件。「未竟事件」的產生，源自你能在理智層面說服自己，卻無法在情感層面接受現實。曾經的失敗帶來的羞恥感深深地印在了腦海中，導致我們在付出行動時，讓內心充斥了太多的煩躁與壓迫感。

事實上，放不下或不甘心是一種情緒信號，不斷地提示著我們那些失去但未曾割捨的東西。如果我們想要使自己的內心變得強大，就要學會和從前告別。

總會有人說：「當初如果我好好學習就好了。」「當初如果我挽回一下感情就好了。」這麼多不甘心、懊悔都是阻止我們前進的絆腳石，後悔沒有任何用處，背負著難以釋懷的心情，怎麼能踏步向前呢？

巴克利是喬丹時代的知名籃球巨星。他退役前，在一場NBA西部決賽中，教練要把他替換掉，讓他下場，巴克利說了句話：「別換我下場，我死後有很多時間休息。」這成為巴克利最著名的一句話，可見籃球對他有多麼重要，但是他直到退役也沒拿到一個總冠軍。

巴克利在球場上凶猛無比，甚至與其他隊的球員發生過衝突。在打籃球的第十六個年頭，巴克利選擇退役，雖然不甘心，但是結果也無法改變。他的醫生告訴他，他的膝蓋舊傷添新傷，無法再繼續參加比賽。巴克利很快告別過去，重新出發。他曾經宣佈說要競選州長，結果轉眼就把這句話忘了。看似漫不經心的一句話，其實是在試圖告別過去的輝煌。

退役後他成了TNT解說員，和奧尼爾、肯尼一起主持。這樣的退役生活其實也沒有離開籃球，甚至這三個人臨時成立小組合，成為美國家喻戶曉的TNT「解說天團」，成功開啟另一番事業。

所以，不要對過去掛念不捨，當我們無法再繼續走老路時，就向前看看有沒有另外的道路可以走，說不定就能發現新的希望。給自己的過去舉行一次盛大的告別儀式，和過去的不甘心道別。這些方法或許可以幫你走出過去！

1. 寫一段自述

將曾經的經歷都寫下來，並深度剖析自己，認清現狀，給自己勇氣。在自述過程中我們會感受到對曾經的心酸、委屈、失落，可能還有感激、慶幸、驕傲。把過去發生的事情用筆端傾訴出來，甚至可以嘗試著去懺悔，寫下抱歉的事情，或者是感激的事情。比如寫出「謝謝」、「抱歉」等詞語，來減少內心的不安。

2. 分享自己的渴望

向外界表達自己的想法。和朋友分享自己的不甘心、一起分析，從內心的不甘、懊悔慢慢轉換成平靜、愛和感激。最後，告別自我的頑固、狹隘。要知道繁華世界中屬於自己的東西也不過很少，過去的遺憾、失落都會在今後的生活中釋懷，學會自尊自愛，懂得如何去愛。

當你渴望前行，要懂得先拋開過去，才不會將關係凝滯在最糟的地方。能夠治癒心靈的人只有自己，就像沒有人能夠代替我們生病一樣，所以，我們要讓所有放不下的事情成為過去，讓所有不甘心的事情就此翻篇。

承認自己的無能為力

生活中有太多讓我們無能為力的事情，我們無法控制時間流逝，無法掌控未來，更加不能讓自己永遠留在這個世界上。當我們追求卓越時，面對一項又一項挑戰，在盡其所能的情況下，有時候卻事與願違，我們不得不承認，在很多時候我們的力量實在太過有限。

付靜雲已經廿六歲了，從廿三歲開始她就在考研究所，三年過去了，三次考研失敗，好像永遠考不上自己想去的那個大學。三年的時光在她那裡變成了浪費青春。在這個分叉路上，她開始猶豫：「是繼續考研究所嗎？還是和應屆畢業生搶工作？」

「不，我不甘心。」付靜雲不甘心就這麼放棄，不甘心和小自己三歲的人有同樣學歷，她決定再考一年研究生。一年轉眼就過去，付靜雲還是沒有考上，這時候她開始懷疑自己，拖著一具疲憊的身軀，瞬間覺得自己好失敗。「我為什麼當初不去找工作呢？」「我為什麼就是考不上心儀的學校呢？」無數個疑問從她的腦海中蹦了出來。她甚至開始自我懷疑：「是我不夠聰明嗎？還是我不夠努力？」她把自己關在屋子裡躺了一個月，在某一天深夜，她看著外面的夜色，從樓上一躍而下，結束了自己的生命。

有些人在面對自己無能為力的事情時，寧願撞得頭破血流，也不願承認自己的弱小。從心理學角度分析，當一個人處於恐懼與絕望中時，他需要將控制權牢牢掌握在手中，才能獲得安全感。而身處絕望中產生的無力感，會與失控感產生聯繫，而失控本身會令人產生深層次的羞恥感。當我們感覺自己無能為力時，不願向現實低頭，無非是為了證明自己足夠強大，從而掩飾這種羞恥感。

在此過程中，我們會產生憤怒或怨恨的情緒，並試圖改變他人對我們的認知。憤怒會使我們對他人反覆解釋、理論，甚至產生肢體衝突，怨恨會使我們使用哭泣等情緒暴力，來宣洩對他人的不滿。總之無論哪種行為，都是為了讓事情回到可控的狀態中，但現實的殘酷會讓我們再次陷入無能為力的困境，於是，我們的內心便陷入了一個「失控—控制—失控」的閉環。

如果在無能為力的事情上過於糾結，過於沉浸在無能為力的氛圍中，人們往往會消極，在執著中無助、沮喪，像一隻困獸，能力不足卻妄想自己強大，還不如承認自己的無力，不執著於這些讓自己無能為力的事情。

我們對自己錯誤的認知，會讓我們相信自己可以突破某種極限，這種想法過於樂觀。我們面對人生百態、萬事萬物都要有一個平衡概念。我們要知道在某個賽場上，只能有一名冠軍，而不是多個勝者；在一片土壤上只要一種植物過多，那麼另一種植物的生長空間自然會變少。既然我們能夠一眼看到這其中的道理，那麼為什麼還要執著於一處，而不去另一處探索一番呢？

同理，我們應當拒絕把眼光只放在某一處或堅持某一個固執的觀點。要知道，不是只有白日的天空才最奪目，夜晚也有璀璨的星河。不是只有玫瑰才最豔麗，還有牡丹、紫羅蘭、杜鵑花……放開眼界，我們會發現這繁華世界有那麼多可以選擇的餘地。

不執著於眼前，才有更好的收穫。放下執念，行動才會更加輕鬆，行動的腳步才會更加輕盈敏捷。所以，如果有些東西根本無法獲得，那麼就看好當下。放棄那些貪婪，知足常樂，越是貪心失去的也就越多，得不到不一定美好，強行佔據只會招架不住。放棄那些愛慕虛榮的心，虛榮可以產生動力，同時也會產生痛苦，當現實生活達不到想像的那麼好時，人會產生忌妒和怨恨的心理。所以，放棄那些固執吧！**不必糾結得失，放棄不能擁有的，珍惜現在已有的。**

接納無常，是對自己的慈悲

人生就是一個充滿驚喜與驚嚇的過程，數十年的奮鬥敵不過一次失敗，謹小慎微的經營抵不住一場意外。每個人都恐懼天災人禍，卻終是避不得，我們除了接納，別無他法。當我們無力改變現實時，接納是一種解脫，更是一種對自己的慈悲之情。

面對驟然劇變的現實，有的人變得惶恐不安，失去正常工作的能力；有的人靠著酗酒、吸毒麻醉自己，試圖逃避這個無常的世界；也有人高喊「我命由我不由天」，不斷地做著無畏的掙扎，甚至嘲諷他人的退讓與示弱。

從心理學角度分析，這些表現無疑是人們在面對無力改變的現實時，因安全感失衡而產生的逃避行為。每個人身處壓力之下，都在用最熟悉的方式掩飾著內心的脆弱。但無論挑選哪種方式，都無法改變結局。

而這種逃避，往往會令人陷入驚恐、焦慮、抑鬱等諸多負面情緒之中，對正常的工作和生活產生不利影響。如果一個人選擇用逃避的方式，將自己從現實的巨變中抽離出來，會讓自己在親人、朋友面前失去原本承擔的責任，從而導致人際關係惡化。

人生的無常就是要教會人們懂得接納不幸，面對痛苦。很多人困在分手的陰影中無法解脫，試想一下，如果你捧著一顆紅色的真心去愛別人，而此時對方只想要一點綠色，你的掙扎只會讓彼此都感到悲哀。而且，如果你天生就是無法擁有綠色的人，你又該如何強求呢？所以，以平常心對待生活中突如其來的悲歡離合，以慈悲來化解在挫折中所經歷的痛苦，才是我們所要做出的選擇。

一個人的強大不僅在於能力，更在於他的內心。他們看似光鮮亮麗的背後都有著不為人知的艱辛，而他們不願被這種痛苦禁錮，反而讓這些痛苦化成努力上升的台階，把它們通通掩埋，踩在腳下，融化到塵埃裡。

生老病死、人生低谷、一些意外等，人面對這些問題需要學會接納，只有真正承認自己的人生不完美，才能更自然地展露最真實的自己。所以，我們面對世事的無常，需要做到以下兩點。

1. 接納世界的不完美

我們要知道，生活並不是變得無常，而是這種無常本就是它應該的樣子。如果我們不具備戰勝無常的能力，選擇兩敗俱傷、逃避或者是自怨自艾，只會把自己帶入更大的災難之中。接納它，我們就會從中體會到深刻的認識，在以後的道路上更加不敢因順境而得意忘形。

2. 接納自己的自然反應

有些人認為，自己的內心應該強大得像一名無所畏懼的戰士，但自身的表現像一個懦夫。可是你要知道，當你的安全感受到衝擊而發生心理失衡時，所有的表現和情緒都是人類的正常反應。就像你無意間碰到高溫或尖銳的物品時會立刻躲開，這與你付出的努力無關，也與你內心的強大程度無關。

所以，給自己足夠的時間去接納這些脆弱的情緒，讓你自己有時間和空間去消化，使你自己內心慢慢接受和理解。

要想改變世事無常，就要改變心態，看清自己，有什麼能力就做什麼事，不必強出頭，也不必過於看低自己。當突如其來的災難來臨時，良好的心態是最重要的人生調節器，強大的自癒力能把糟糕轉換成慶幸，把絕望轉換成希望。

承認別人比自己厲害

在眾多的網路資訊中，我們經常能夠看到各種人展示諸如才藝、能力、智慧等方面的圖文和視頻。但在這些資訊的評論中總是會出現各種鄙夷的聲音，例如，「外行看熱鬧，內行看笑話」等。我們拋開相對虛假的作品不談，某些專業性的技能也會遭到他人的不屑與嘲諷，難道承認別人的優秀真的很難嗎？

黃立是名牌大學研究生畢業，在一家公司的設計部工作。他的學歷是整個設計部中最高的。有一次，公司要求設計部拿出一項設計方案，部門總監命令設計部裡每一位成員參與設計。最後，黃立的設計方案被放棄，一位普通院校畢業的員工設計的方案被主管採納。

黃立在聽說這個消息之後，拿著對方的方案在辦公室大發牢騷，不斷指出對方方案中的不足，認為主管沒有看到自己方案的精髓。但公司裡的同事都知道，黃立的方案雖然基本功很強，但欠缺想像力，太過死板。同事們都認為他太過好勝，而且不願意承認別人的優秀。

生活中從來不缺少這樣的人，當他們談及別人的成功時，總是說：「不就是機會比我好那麼一點嗎？」「不就是有一個厲害的老爹嗎？」「我只要稍微努力，就沒他什麼事了」……他們總是為自己塑造了一個強大的形象，而實際上，在其他人眼中，他們就像一個小丑，只是在掩飾自己的無奈與自卑罷了。

心理學中有一個專業的術語，叫作「達克效應」。它是一種認知偏差，指的是能力欠缺的人在自己欠考慮的決定的基礎上得出錯誤結論，但是無法正確認識到自身的不足，辨別錯誤行為。簡單地說，就是沉浸在自我營造的優勢中，高估自己的能力水準，無法客觀評價他人的能力。

從心理學角度分析，我們之所以不願承認他人比自己更優秀，是因為在潛意識中認為，承認別人的優秀等於承認自己不行。當我們承認對方在某一方面強大的實力時，會出現一種自卑的心理，從而感到來自外界的壓迫，產生焦慮不安的情緒。為了避免這種情緒的產生，我們便會拒絕承認對方的能力，並以指點或嘲諷等方式掩飾內心的脆弱，消除心理上的不平衡。

就像有的人談起比爾・蓋茨時，他們會將注意力放在他的天然條件上一樣。比爾・蓋茨的第一筆生意確實得到了身為ＩＢＭ董事的媽媽的幫助，但ＩＢＭ董事有很多人，而比爾・蓋茨的母親只是其中之一。他的確有一個不錯的開端，但你不能否認，他能走到今天這個位置，身上一定有著常人無法匹敵的能力。

敢於承認他人比自己優秀，並不是一件丟臉的事情，相反它會讓你的生活更加輕鬆。所以，當我們面對比自己優秀的人時，我們可以做到以下幾點。

1. 不要忌妒

他人的優秀會使我們產生失落、自卑等情緒，覺得自己一無是處，雖然不甘於現狀卻又無力改變天資的平庸，於是，忌妒心理就會產生。忌妒會侵蝕大腦中的理性，使我們以數落對方缺點的方式來試圖拉低對方，令對方與自己站在同一高度。但事實上，別人不會因此而不優秀，我們不會因此而優秀。所以，拒絕忌妒心理是我們需要走的第一步。

2.承認自己的無知

希臘哲學家芝諾曾經說：「人的知識就好像一個圓圈，知識越多，圓圈的周長就越長，就越會發現自己的無知。」我們要認清自己的現實情況，無論我們的能力到了哪種程度，都有未知的世界等待我們去探尋，多學習別人的長處，豐富自己的知識才能更好地提升自己。

3.對他人不吝讚美

每個人的內心都渴望得到他人的讚美。當我們面對比我們優秀的人時，真誠地說上一句「那個人真的很優秀啊」。是接納對方，也是放過自己。

當我們發現別人比自己優秀時，我們應該抱著一種學習的心態，慢慢地提升自己，不要一味地無視或諷刺他人。其實，承認別人優秀，並不是否認自己。真正內心強大的人，會看到別人的優點，不斷學習他人的長處，才得以奮發向上。

那些見不得他人優秀的人，往往堵死了自己的進步通道。只有認清自己和他人之間的差距，坦率地承認自己還不夠優秀，不逃避，不退縮，才能使自己真正避免落於失敗的境地。

哭泣是如何治癒我們的

俗話說：「男兒有淚不輕彈。」哭泣通常被看作女性獨有的權利，甚至大多數女性也不喜歡哭泣，因為這種行為經常被人當成一種軟弱的表現。但實際上，哭泣對治癒我們的內心有著很大的幫助。

當我們沉浸在悲傷中時，哭泣的機率比較大。這是因為哭泣的動作習慣性與負面情緒形成連接。這種習慣源自嬰兒時期，用哭泣表達欲望與需求的習慣。

從生理上來看，悲傷時哭泣，能夠通過淚水舒緩沮喪的心情，把身體裡有害的情緒釋放出來。流淚是緩解神經緊張的有效方式，哭泣後，人們情緒起伏會降低百分之四十。用哭泣緩解痛苦，相當於用生理現象解決精神現象，是很好的解壓方式。在哭泣時機體緊張、情緒激動，隨後開始出現身體局部放鬆，這個過程能夠消耗體內大量的能量，就像進行了一場有氧運動。

從心理上來看，當我們哭泣時，意識的模糊會讓我們暫時忘卻失意，將身體內的負面情緒傾瀉出來。但很多時候，哭泣不僅僅是簡單地宣洩情緒，它還能對我們的情緒進行重新引導，將我們的注意力由思想轉移到身體，從消極的事件中脫離出來。所以，哭泣並不完全代表著脆弱，它能夠幫助人們釋放壓力，對於維持身體健康和精神平衡有很大幫助。

南佛羅里達大學的喬納森・羅滕貝格研究員曾經測試過這樣一組哭泣對比。他發現經常大哭的人，在哭泣時更能改善心情。研究者挑選了幾十名年齡適中的女性志願者，並要求她們每天寫心情日記，要記錄這幾個月曾哭泣的原因、時間、地點、感受等。研究者發現大部分人在哭泣後心情有明顯好轉，而這些人在哭泣時，都是幅度較大、情緒比較亢奮的人。因此我們會發現，其實治癒心中的創傷，在發洩時不應該把事情憋在心裡或者默默流淚，放聲大哭是最好的選擇。

所以，獨自一個人時，就不要壓抑自己，放聲大哭是最好的選擇。當然，過度的哭泣也可能傷害到自己，容易因過度關注自身而引發一種自戀情結，使孤獨者更孤獨，或者越哭越傷心。

另外，哭泣也是一種進行情感溝通的重要手段，可以促進人與人之間親密關係的建立。當你在一個人面前肆無忌憚地流淚時，就等於傳達出一種資訊：我正在和你分享我最脆弱的情感，你看到了我最真切的一面。對方能夠感受到你對他的信任，從而加深彼此之間的關係。

《逆光飛翔》中有這樣的一段歌詞：「有時候想大哭，找個沒人的地方。不需要同情的目光，自己給自己力量。」訴說苦楚確實很重要，但獨自一人的哭泣，也是我們最堅強的發洩方式。所以在悲傷的時候，雖然心情不好，但是也要保持頭腦清醒，不把悲傷強行塞給別人。無法壓抑情緒就大聲哭出來，哭泣是治癒創傷的良藥，當不好意思在別人面前哭泣時，就獨自一個人哭，以自癒的方式讓糟糕的事情一點點被淡忘。

第五章　改變弱者思維模式

受害者人設：為什麼是我？

素黑說：「受害者最大的傷口不是被傷害，而是不肯放下受害者的角色，寧願浸淫在痛苦和自憐的心理惰性中，被負面思想侵佔理智和心胸。」現實中，很多人在遇到問題時，都會給自己塑造一個「受害者」的人設，通過不斷肯定自己的無辜，將責任推卸給別人，沉浸在懊惱、埋怨的情緒中。

雨澤剛進入大學參加社團活動的時候認識了前女友，她是一個大三的學姐，她的媽媽去世比較早，因而在家就完全是一個小公主，凡事雨澤都得讓著她。

不被人看好的姐弟戀就這麼開始了，熱戀時，兩個人天天有訴不盡的衷腸道不完的愛，相處一段時間後戀愛進入了穩定期，兩個人的認知矛盾漸漸顯露，以往約會的「早出晚歸」變成現在的「隔三岔五」，也常因為一點小事就吵架鬧冷戰。三觀不合已成了兩個人矛盾的最尖銳處，因雨澤外出兼職太忙忘記回覆女孩的消息，就被認定為「不愛」甚至認為他「出軌」了，最終兩個人不歡而散。分手之後，女孩為了挽回自己在朋友中的顏面，開始跟朋友訴說雨澤是如何的渣男，而自己成了那個一往情深為愛堅持付出的癡情人。

心理學中有一種受害者心理，指的是人們在面對挫折和失敗時，會將原因歸結為客觀環境或人力不可控的偶然性因素，進而產生一種自憐心理的思維模式，其本質是一種逃避心理。在這種心理的影響下，他們習慣將自己定位成「受害者」，認為全世界都在和自己作對，自己一直處於被傷害的位置中，出現逃避應有的責任、放棄改變當下困境的行為。

這種心理的形成在很大程度上受到幼年經歷的影響，當一個孩子摔倒，在確認有父母在身邊後，他通過哭泣的行為來博取父母的同情，以滿足自己希望被關注的需求。如果在成年之後，這種出於自我保護機制的自憐情緒無法得到有效控制，就會演變成受害者心理，從而在生活中抱怨老闆不能慧眼識英才，導致他無法展現自己的能力；抱怨伴侶不夠體貼，總是忽略他的細微情緒；抱怨身邊的人不能耐心傾聽自己的傾訴……

我們長期為自己塑造受害者的人設，以獲取他人對我們額外的情感付出，會破壞原有的親密關係。因為，這種心理是將自己的快樂依附在他人身上。也許對方會盡力滿足我們的需求，但長此以往，這種無止境的渴求會消磨對方的耐心，令對方感到厭倦，最終離我們而去。而且，受害者心理是潛意識裡對自己的放棄，看似能夠獲得更多的情感關懷，實際上會因為不負責、不行動而錯失讓自己變得更好的機會。

就像一段感情，既然分手了，那麼兩個人都受到了一定影響。如果在好聚好散後，總是將自己包裝成感情的受害者，將責任通通推給對方，那你永遠也不會發現自己的缺點與不足。久而久之，你將無法收穫一段能夠長久的感情。

著名數學家華羅庚從小家境貧寒，初中畢業後，因為家裡沒有錢為他交學費而被迫輟學。然而對數學癡迷的華羅庚並沒有放棄學習，他一邊幫助父親看鋪子，一邊自學數學，甚至多次將算出的結果當成了貨物的價格。後來華羅庚不幸身染重病，待痊癒之後左腿落下了殘疾，而這時候的華羅庚只有十九歲。

面對命運的殘酷判決，華羅庚沒有自暴自棄，他越發堅強。他開始在數學領域刻苦攻堅，終於他發表的一篇文章被數學教授熊慶來看到，特招他進清華大學。他笨拙的身體被別人嘲笑，但是他從不多說話，只是默默地努力，依靠著自己出色的數學天賦和遠超常人的努力，他僅僅用了兩年就完成別人需要花費八年才可以完成的學習課程，還自學了幾門外語。由於華羅庚出色的表現，他被清華大學保送至劍橋大學學習深造，最終成為一位偉大的數學家。

擁有強烈自尊心的人遇到困難的時候有兩種選擇：一種是真正地去維護自己的自尊心，即使現在的自己確實是別人口中所說的那樣；另一種選擇是假意地維護，通過向別人展示自己的可憐之處以求得他人的「認同」，讓別人「不好意思」再揭露自己的傷疤。懦弱的人永遠在掩飾真實的自己，不願看到自己的缺點，不願別人提起，自欺欺人地蒙蔽自己的眼睛，這樣的人多麼可悲。

受害者心態無非就是給予自己假正確、假正義、假無辜以達到別人的假認同，這是失敗者、弱者的表現，長期的「受害者」終究要被身邊朋友唾棄。真正的強者是對自己負責，即使很不幸，命運宣判他為真正的受害者，他也會努力讓自己擺脫這個頭銜，虛假終究是虛假，唯有勇敢地戰勝一切苦難才是實實在在。

瓦倫達效應：越在意成功越容易失敗

瓦倫達效應是心理學上的一個著名的效應，指的是為了達到一種目的，過於在意結果，而被影響到狀態、行為和對事物的判斷力的現象。簡單地說，就是當我們打算完成一件事時，因不斷暗示其重要性，從而在無形中為自己增加壓力，導致結果不能令人滿意。

這個效應源自一個真實的故事。瓦倫達是美國著名的高空走鋼索表演者，以精彩且高超的技術聞名，而且從未出現過意外。但是，他在一次重大的表演中不幸失足身亡了。

當他在得知這一次觀看表演的人都是美國知名的人物後，為了保證演出的成功，他不斷琢磨自己的每一個動作、每一個細節。當他剛剛走到鋼索中央，僅僅做了兩個難度不大的動作後，就從空中摔了下去。

他的妻子回憶說：「我知道這一次一定會出事，因為在他上場之前，他總是不停地說：『這次太重要了，絕對不能失敗。』在之前每次成功的表演，他只是單純地想著走鋼絲這件事，不去管這件事可能帶來的一切。」

生活中經常有這樣的事情發生，當我們在準備演講時不斷提醒自己不要忘詞時，等我們站在台上那一刻就會發現大腦一片空白；當我們不斷告訴自己今天要帶傘時，等跑到樓下的時候才發現自己又忘記帶傘了……

史丹佛大學的一項研究表明：人的大腦中存在的某一圖像，會像實際情況一樣刺激人的神經系統。當你不斷在腦海中重複自己可能出現的窘境時，其實就是在給自己發出某種暗示或預想，而這種行為往往會導致失敗的出現。

在一場足球比賽中，一名前鋒突破防守，將球帶到靠近對方禁區的地方。在他面前，對方只有一名門將，射進這一球輕而易舉，他想起曾經一名記者對自己的嘲諷：「當你感覺踢出門外不好的話，就把球往球門裡踢。」他彷彿聽到了觀眾們的吶喊，看到了隊友向自己奔跑的樣子，他不會再失誤了。他抬起腳，大力射門，卻意外將足球踢到了門框外。

從心理學角度分析，**瓦倫達效應的產生源自內心的脆弱。你越是無法承受失敗帶來的後果，就越想要通過成功來證明自己。於是，在一定要將事情做好的欲望驅動下，反而會更在意結果**。你幻想中的成功後外界的鮮花與掌聲，失敗後外界的嘲諷與輕視，都是內心壓力的來源。在重壓之下，你渴望成功的動機太強，反而不能保持一種平和的心態，從而不能真正將精力投入所要完成的事情當中。

法拉第曾說：「拚命去換取成功，但不希望一定會成功，結果往往才會成功。」當我們在做一件事時，對事情的結果太過在意，反而會忽視事情本身。與其去擔心還沒發生的事，不如專注自己正在做的事，反而會得到更好的效果。

那我們該如何避免瓦倫達效應，發揮自己的真正水準呢？

1. 看淡結果

無論做什麼事情，保持一顆平常心是最重要的。很多優秀的人往往更專注於做事的過程，而對結果反而不太在意，這也使得他們內心越發強大，在人生路上走得更加輕鬆。

2.避免外界干擾

如果我們在做一件事情時，總是想著成功後的喜悅和讚美，或者失敗後的痛苦與嘲笑，那麼我們在完成這件事的過程中就會不斷受到外界的干擾與影響，從而增加自己的心理負擔。當我們變得畏首畏尾，不敢嘗試，失敗就成了一個必然的結果。

3.專注

控制好自己的情緒是內心強大的表現。專心做事會讓我們的注意力更加集中，不會將心思關注在其他方面，從而使我們的能力得到最大限度的發揮。

《論語》中曾記載：「季文子三思而後行。子聞之曰：『再，斯可矣。』」季文子遇到事情時總是要考慮很久，孔子勸誡說：「考慮兩次就可以了。」我們在遇到事情時考慮周全並沒有錯，但也要適可而止，不要讓自己的胡思亂想分散了注意力。成功並不是完全憑藉思考取得的，而仍需要我們在實踐中不斷努力。

應該式思維：現實與理想的差距讓你心生怨恨

生活中有一個很有趣的現象：當一個人擁有出色的能力或成就，卻未能收穫相應的尊重與關注時，他會產生憤怒、沮喪等負面情緒，比如因沒有收到大公司的offer而感到心中不平衡。這其實就是一個人的應該式思維在作祟。

應該式思維可以解釋為：一種以想像中的規則去衡量現實的思維方式。當現實與想像中的規則不相符時，我們就會產生怨恨、焦慮等負面情緒。

林語暢剛剛成為一家公司的新員工。在她眼中，身邊的同事都十分友善和熱情，唯獨一個同部門的搭檔對她頗有敵意。當她因業務上的難題向對方請教時，對方總是擺出一種高傲且冷漠的姿態，不願耐心地給予幫助。

林語暢感到很生氣，心中很不平衡，認為對方不過是比自己早一點參加工作，有什麼好神氣的。於是，她暗下決心，一定要在業務能力上超過對方，讓她沒有理由看輕自己。後來，林語暢確實取得了很大的進步，業務能力也更上了一個台階。但是，當看到對方做出一番成績之後，她心裡依然會很難過，甚至會產生焦慮和沮喪的情緒。

對於以上案例，從心理學角度分析，她的應該式思維體現在三個方面：認為所有人都應該喜歡自己；認為別人不喜歡自己，就應該超越他；只有超越對方，才能體現自己的價值感。正因為這種思維模式的存在，她才會在日常的工作和生活中，不斷討好別人或和別人過度競爭。

「應該式思維」中的「應該」，代表著一個人對不可控事物的不切實際的期待，如「所有人都會喜歡我們」。這種思維模式會導致我們對自身不可控因素的盲目自信，使固有思維產生僵化。

那麼，有人就會問：「難道追求優秀、追求高薪不是一種積極向上的表現嗎？」實際上，我們要分清「應該式思維」和「希望」的區別。「應該式思維」指的是：你未能獲得優秀的成績，從而陷入過度的負面情緒，指責對方有眼無珠，怨恨社會的不公；「希望」指的是：儘管沒有達成目的，你卻坦然接受現實，繼續追求自己的目標。二者的根本區別在於，在心理上是否以自身制定的規則去替代現實中的規則，是否能夠容忍現實與理想的差異。

「應該式思維」不僅是在為難別人，更是在為難自己。網路上所說的「假裝自己很努力」其實就是「應該式思維」的產物。就像當你看到身邊的人一個個能力出眾的時候，會在「應該式思維」的引導下進行漫無目的的努力，認為「雖然不知道自己想要做什麼，可是那些成功的人都是很努力的，所以我也應該努力」。比如購買大量的書籍，包括英語口語訓練、情商、運動、中醫養生等。但你的內心並沒有特別想要做成的事情，只是單純地認為努力一定是對的。

其實，**很多時候，你只是在單純享受自己努力的狀態，卻根本沒有明確的目標。那些真正努力的人，他們會在努力之前設定一個目標，然後再將所有的精力都投入進去。**

「應該式思維」的產生，源自我們的內心不願承認，很多事情我們無法控制。但是，我們要知道，地球不會因為某一個人而停止轉動，生活也不會因我們的喜怒哀樂而改變。那我們該如何避免「應該式思維」？

1. 接納不可控因素

我們要改變自己的思維方式，努力控制自己能夠掌握的事情，並且放棄試圖控制不可控因素的想法。以面對一件事情為例，分清其中的可控因素和不可控因素，將精力集中在你能夠控制的部分。

2.給自己一個明確的目標

不要讓社會的規則和他人的期待束縛自己的想法。當我們產生「我應該……」的想法時，為自己樹立一個明確的目標，而不是一味地沉迷在努力的狀態中。比如，將「我應該學英語」變成「我想要學英語」。把在現實中隨波逐流的狀態轉化成一種試圖擁有或掌握的決心。

我們有時候會感歎：「理想很豐滿，現實很骨感。」是不是接受事實，隨便找一個理由搪塞自己就能逃避內心的脆弱？其實，接受事實只是我們要走的第一步，當理想與現實的差距無法直視時，我們不妨靜下心來，找到自己能夠切入的點，努力縮短理想與現實之間的差距，從而開啟自己的新征程。

過度概化：別把一次負面經歷變成宿命

有的人在經歷一次失敗之後，就對人生失去希望，將失敗認為是自己一生都無法逃脫的宿命。其實，這就是一種「過度概化」的心理。也就是說，將一件偶然發生的壞事情的影響不斷擴大，甚至認為這就是整件事情的最後結果。

每個人都不喜歡失敗，但僅用一次失敗就定義人生，未免太過草率。「過度概化」的心理，無疑會讓我們陷入消極情緒的陷阱之中，從而對生活失去希望。

從前，有一個農夫養了一群羊，結果被一個教徒騙走了好幾隻。農夫非常憤怒，在以後的日子裡，一旦看到有人和教徒來往，就告訴對方，這些教徒都是道貌岸然的傢伙。

有一天，一個傳教士來到農夫的農場，說要買一隻羊。然後，他挑了一隻非常瘦弱，看著就不太健康的羊。

農夫很奇怪，於是問道：「你為什麼要買一隻病羊呢？」

傳教士笑著說：「我要將這隻羊拴在我家門口，告訴所有過路的人，這隻羊是從你的農場裡面買的。這樣，大家就會認為你這裡的羊都是這樣的。」

農夫聽了，很憤怒地質問傳教士為什麼要這樣做。

傳教士說道：「這不是你一直在做的事情嗎？」

「過度概化」的心理會導致人們將本無內在聯繫的特徵聯繫在了一起，斷言這種特徵必然會出現在其他方面，尤其是在遭遇失敗時，這種心理會更加強烈。

奧地利心理學家阿德勒曾提出一個心理學概念，叫作「吞鉤現象」，這是基於一個有趣的現象：魚兒在咬鉤之後，越是瘋狂地掙扎，魚鉤就越陷越緊，越是難以掙脫。人生當中又何嘗不是如此，每個人都不想品嘗失敗的痛苦，就如魚兒不想被魚鉤掛住。但我們也知道，沒有誰生下來就能成功，失敗是在所難免的。所以，如果不能正確而積極地對待失敗，那麼將會不可避免地遭受更大的失敗。

我們都希望很容易就能獲得成功，對於失敗難免會心有抵觸，無法接受。當事情失敗了，只是在告訴我們此路不通，另想他法。假如有了這樣的認識，我們對於失敗的抱怨就會減少許多。

貝多芬從小家境貧寒，還在廿六歲的時候失去了聽覺，但他並沒有因為一次痛苦的遭遇而放棄自己的音樂之路，反而發誓「要扼住命運的咽喉」，最終成了維也納古典樂派代表人物之一。南朝的祖沖之，一千五百多年前，依靠一片片小竹片，進行了大量的演算，成了世界上第一位把圓周率精確到小數點後第七位的數學家。失敗是人生的常態，成功不是偶然，是無數個偶然造就的人生必然。

人們常說：「失敗乃成功之母。」很多時候，失敗一次並不可怕。無論做什麼事情，每個人都有失敗的可能。你並不需要將其看作自己人生的最終結果。**很多時候，一次失敗反而可以增長你的經驗。正確地對待失敗，你才能夠找到失敗的根本原因，進而解決它。**

當我們為失敗而感到沮喪時，我們不如想一想，難道從一開始到現在，我們沒有一點歡樂的時光？也沒有一點成功的經歷？回憶一下以前成功時的喜悅，也會相當程度上提升我們的自信心，讓我們認識到，現在的失敗也只是一時的。生活中，沒人能保證每個人的每個抉擇都是正確的。並且，許多失敗並非因為自己的能力不夠，只是運氣不佳而已。假如我們一直深陷於固有的失敗中，我們或許就會採取一些更激烈的手段，孤注一擲，就像一個賭徒，輸了一次後，即便借錢也要贏回來，最終越輸越多。那樣的話，或許失敗真的就越來越多，離成功就越來越遠了。

內心強大的人，不會因為一次失敗而垂頭喪氣，他會努力分析失敗的原因，再次挑戰。在生活中，第一次嘗試就能獲得成功的事情畢竟是少數，很多事情都是在不斷失敗、不斷嘗試的過程中獲得成功的。

其實很多時候，終點就在我們前進路上的下一站，如果我們不願再嘗試，那我們也許就再也沒有到達終點的機會。所以，面對失敗，我們不要急於否定自己，多嘗試一次，就會多一次接近成功的機會。放棄只會讓我們變成一個對自己、對現實絕望的人，而堅持往往會讓我們走向成功，贏得他人的鮮花與掌聲。

完美主義思維：苛求帶來的挫敗和沮喪

完美是人生中的一個美好願景，很多人都期望在生活、工作、感情等方面不留遺憾，於是，拚盡全力去追求完美。但是，世上本就沒有真正的完美。我們對自己的苛求往往會令自己疲憊不堪，最後導致我們在失望中迷失自己。

錢文悅是一個典型的完美主義者，她經常為此感到煩惱。她經手的任務一定會付出全部的努力去完成，甚至在客戶那邊也獲得了很多讚譽，由此成了主管信任的員工。

因為不出亂子、辦事謹慎，主管提拔錢文悅做某專案負責人，專門盯緊專案的進程和品質，就在這時，完美主義思維成了她工作的絆腳石。她花費大量時間和精力進行方案策劃，一個接一個換，目的是找到最完美的方案。最後到了收工階段，她又會從頭到尾過一遍，發現瑕疵後，又是一通改動，以時間為代價必然出精工細作，卻耽誤了任務規定的完成時間，讓客戶頗有微詞。

自己團隊的業績總是墊底，手下的員工也開始表露出不滿情緒，錢文悅陷入了深深焦慮中，最終不得不辭去專案負責人職位。

從心理學角度分析，完美主義是對完美的一種極端追求。因所設定的目標不切實際，而很難達到期望的狀態，這時，他們就容易將「不完美」與「失敗」聯繫在一起，心裡產生挫敗感，變得沮喪。

苛求自己必須完美的人，大部分有一種病態「恥辱感」心理。他們自卑、多疑、多慮、喜歡競爭，並且極度敏感狹隘，在他們眼裡幾乎所有人都是他們的競爭對手。因此，他們不管做什麼都力求完美，他們妄圖通過完美來證明自己的優秀和強大。

實際上，完美主義是一把雙刃劍，過分追求完美在精神和感情上毫無裨益，只要稍微存在不完美，就會不自覺地引起焦慮和恐慌，這一點在日常工作中尤為「致命」，又可以稱之為「害怕不完美」。正如一位哲學家所說：「**完美是一種毒，它在一點一點地侵蝕著你的靈魂。**」

二十世紀七〇年代，美國的心理治療界曾發現一種現象：接受治療的患者大多是成功的商人、藝術家、醫生、律師和社會活動家，他們擁有著超強的工作能力與技巧，但他們的努力並未給他們帶來所期待的幸福生活。心理學家發現，這些患者具有一種共性：他們的成功並不能為他們帶來成就感，反而使他們在不斷追求的過程中深陷無價值感和自卑感中。這種完美主義思維帶來的苛求，絕大多數源自童年的家庭教育。他們的父母為他們樹立的標準太高，在任何情況下，都是以指責或貶低的方式作為激勵的手段。於是，這些患者會逐漸養成自我挑剔和自責的習慣，在工作和生活中更容易感到挫敗和沮喪。

其實，接受自己的不完美，才能真正體會到人生的意義。有一個名為「丟失的一片」的故事：一個圓圈被切掉了一部分，它很焦慮，為了保持完整，每天四處尋找丟失的那一片。由於失去了一部分，圓圈走路不能夠像以前那樣快，只能慢慢地來。這讓它感覺很不高興，它認為自己失去了以前的英姿颯爽。於是，它非常著急地尋找了很多不同的配件，但是沒有一個能夠完美地與它相配。它只能將其棄置路旁，繼續尋覓。

在這個過程中，圓圈發現了一個自己之前從來沒有注意到的世界。由於只能慢慢地走路，它發現路邊開的小野花是那麼可愛，每次欣賞了之後它才會再次上路。當黑夜降臨了，它便與蛐蛐「談天說地」。當太陽升起，它又有閒情逸致去欣賞太陽的溫暖和熱烈。

最終，它找到了非常完美的另一片，為自己再次變得完整而感到高興。圓圈高高興興地上路，發現它現在滾動得非常快，再也沒有閒暇時間去欣賞花兒的美，也沒有時間去和蛐蛐傾訴心聲。每天來去匆匆，沒有了以前的閒情逸致。於是，圓圈停了下來，將那個配件放在了路邊，再次開始慢慢地滾動。

完美也許正是一種妄想，很多時候，追求完美反而會喪失生命的真諦，會和原本正常的生活相違背。正如一位哲人所說：「**一味地追求完美，反而會使自己離生活越來越遠。**」

那我們該如何調整完美主義思維？

1. 接受瑕疵

世界上沒有絕對完美無瑕的事物，盲目追求一個虛擬的境界只會徒勞無功。學會接受瑕疵，換一個角度看待問題，正因為失敗令你感到沮喪，你才要付出更多的努力，珍惜所擁有的一切。失敗和成功一樣，也是構成你豐富人生的一部分。千萬不要因為一件事情不能做到盡善盡美而變得自怨自艾。

2. 正確認識自己

正確評估自己的能力，避免不切實際的完美成為你前進路上的阻礙。不要對自己太過苛刻，做任何事情，只要對得起自己的付出，不要太過在意他人的眼光與評價，否則一旦遭遇挫折就容易一蹶不振。

杭州靈隱寺門前有一副對聯：「人生哪得幾如意，萬事只求半稱心。」完美不可能達到，再大的成功也總讓人覺得不夠完美與徹底，正是這份不完美，使得成功帶來的效果不會陳腐破損。一旦事物發展到了至善至美的地步，一定會走向僵化、衰退。

如果可以放下心理負擔，不苛求完美，便再也不會受制於「這不行，那不行」的糾結，同時，允許有不完美就是給自己一個成長機會，很多事情也變得更加容易推進。

非黑即白：讓你看不到更多可能性

在一場辯論賽中，每一個議題都會有正方和反方。每一方只能堅持一個角度，再找相關論據，並駁斥對方立論上的不足。但我們不能認為，最後一方的勝利就代表他們的觀點就是對的，另一方就是錯的。

現實中的很多事往往在不同的方面都有一定的道理，如果我們總是以一種「非黑即白」的思維審視所有的事情，不免太過主觀，往往會令自己喪失更多的可能性。

在生活中，我們會面臨各種各樣的選擇題，但並非所有的問題只能有唯一的答案可供選擇。跳出「非黑即白」的思維模式，我們在面對選擇的時候就不會感到「兩難」甚至「多難」了。

有一家公司在招聘員工時，提出了這樣一個試題：

在一個炎炎夏日，你開車經過一個車站，發現有三個人在苦苦等公車的到來：一個是抱著一個正在發燒生病的孩子的婦女；一個是正要著急去機場趕飛機出差的你的上司；還有一個是你想要追求的同事。而你的車只能容得下一位乘客，你會選擇承載誰？

選擇載誰都有一定的理由：選擇抱小孩的婦女，是因為覺得人命關天，孩子的病情更重要；選擇送上司，也正是自己好好表現，爭取升職的好時機；選擇送心儀的同事，說不定就能更容易與其提升感情。

然而，有一個應聘者給出了這樣的答案：把車鑰匙交給上司，讓他開車先把婦女送到最近的醫院，然後再趕去機場。自己最後和心儀的同事一起等公車。

在很多時候，人們遇到問題的時候，總是會形成慣性思維，認為事情只有一個解決方案。但是，當你跳出「非黑即白」的思維模式之後，就會發現，想要解決這個問題，其實還有更好的方法。

那我們該如何跳出「非黑即白」的思維困境？

我們不要什麼事都以自己為中心，什麼事情都得自己親自做。正如前面送人的例子那樣，一般人都會陷入一個思維定式中就是「這是我的車，所以，這個車必須由我來開」。而如果能意識到，車由別人來開，我就可以解放出來做其他事，這樣就可以兩全其美。

多站在他人的立場、處境、價值觀上想幾個為什麼，多從不同的角度看待每一個問題，不要讓絕對的思維定式束縛自己的判斷力。

就像這樣一句話：「無論黑貓，還是白貓，抓到老鼠就是好貓。」好貓的定義不應該是狹隘意義上的「白貓」或者「黑貓」，只不過是人們「非黑即白」的思維太過死板。微博上曾引發熱議的兩個視頻中，一個以指責的方式幫助小販的老闆娘，被人們誤認為是兇神惡煞的包租婆，一個幫助被誘拐兒童卻讓人誤以為毫無憐憫之心的粗暴青年，故事的結尾都讓人唏噓不已。

每個人都有不同的生活閱歷、知識水準，面對同樣的問題，所處的立場，思考的角度不同，所採取的方式便可能大相徑庭。但不代表一定是誰對誰錯，誰是誰非。每個人的方法或許都有可取之處，也有不足之處。正如在技術領域，許多的新技術其實就是已有技術的重新組合，許多思想創新就是因為碰撞而產生的。

過度反芻：停止反覆咀嚼痛苦

一個水杯，如果盛著一杯污水，把污水倒掉，才有空間盛裝清水。人的心靈也同樣如此。美國的托・富勒說道：「記憶就像一只錢夾，裝得太多就會合不上，裡面的東西還會全部掉出來。」已經過去的事，一直糾結於心，不僅會使我們心情沉重、步履蹣跚，也會讓我們對遇到的好事視而不見。

心理學上有一個「反芻思維」。「反芻」指的是重複思考事情的起因以及影響因素，是人在面對問題時所產生的一種本能反應。適度的「反芻」能夠使人通過對問題的分析收穫一些有價值的經驗，避免以後重蹈覆轍。但是，你一旦進入過度「反芻」的思維模式，會陷入痛苦的泥沼中，無法自拔。

越王勾踐在臥薪嚐膽時，通過反覆咀嚼曾經的屈辱與痛苦，不斷激勵自己發憤圖強。當他成功復國，一雪前恥時，這些負面情緒也就煙消雲散了，這就是適度的「反芻」。反觀祥林嫂，一見到人就訴說自己的悲慘經歷，整天沉浸在自己的痛苦中，成了人們眼中的「瘋子」。這就是過度「反芻」帶來的結果。

過度「反芻」會放大一個人的負面情緒。如果你不斷回憶曾經某個痛苦的瞬間，就意味著一次又一次地體會那種糟糕的狀態，從而使痛苦逐漸疊加。沉浸在昔日的痛苦中時，會將自己鎖進封閉的內心世界，拒絕對外界的一切做出回應。而這種行為，會使內心的壓力像滾雪球般增長，直至變得抑鬱。

因為「反芻思維」的存在，我們會不斷思考：「為什麼我每天都這麼累？

我是不是已經得了絕症？」「他為什麼沒有秒回我的資訊，是不是他喜歡上了別人？」長此以往，抑鬱也會離我們越來越近。

社會調查顯示，女性的「反芻思維」一般高於男性。心理學家曾對這一現象做出了解釋：女性的生理原因、心理動力是造成「反芻思維」的一種便利條件。此外，男性與女性對負面情緒的處理也存在很大差異，女性往往會因為難過的事情而開始胡思亂想，而男性一般會因注意力被轉移而消除負面情緒。而且，女性一般通過向他人傾訴煩惱達到排解壓力的目的，但在這種分享負面情緒的過程中，她們很容易陷入其中，從而過度「反芻」。這也就是女性出現抑鬱症的機率要高於男性的原因。

那我們該如何停止反覆咀嚼痛苦，避免過度「反芻」呢？

1. 轉移自己的注意力

當我們意識到自己正在重複體會曾經的痛苦時，馬上停止這種沒有意義的思考，做一些能夠調節自己情緒的事情。如看書、運動、打遊戲等。每個人調節情緒的方法不同，但只要是能夠成功轉移注意力的方法，都能夠在過度「反芻」出現時，有效地阻斷它。

2. 轉化思維方式

當我們的腦海中出現一件令自己感到痛苦的事情時，與其讓它不停地在大腦中滋生痛苦，不如以一種積極的態度去處理或傾泄。即使無法完全擺脫負面情緒的產生，我們也不至於深陷其中而變得心力交瘁。

生活中總有不如意之事，越反覆咀嚼，傷感便越難以釋懷。放下過去，並非完全忘卻，而是不再執迷於過往。即便我們要吸取一些經驗教訓，避免同樣的錯誤再犯，那我們的關注點也是在當前或者往後，而談起過往時，心態也應該是平靜、達觀的。

心態上的樂觀與否，選擇權其實在我們自己手上，而非外界環境。有人說，樂觀的人傾向於忽略壞消息，甚至對明明已經發生的壞結果選擇「不相信」。「不相信」結果是壞的，會增強我們的自信心，讓自己面對困難時可以無所畏懼。只有始終保持自信心，保持希望，才會有心思考慮應對困境的方法，說不定最後還可以「反敗為勝」。

即便最終結果仍然沒有改變，我們也可以「輸得有尊嚴」，面對失敗也不覺得自己是無能而卑微。

雖然人生中的許多事都屬於「開弓沒有回頭箭」，但是，一步走錯，不代表一定會「滿盤皆輸」。莽撞冒進、不吸取經驗教訓固然不可取，但過於謹小慎微，優柔寡斷，「一朝被蛇咬，十年怕井繩」的話，只會讓我們錯過更多的機遇。不管事情如何，仍需繼續向前才對。

當時過境遷之後，我們最終也會發現原來的困苦也不過如此，終究會過去。就像許多人經歷過失戀，當感情無法挽回的時候，是那麼悲痛欲絕，覺得再也不相信愛情了。但最後，我們也會遇到另一位相伴終生的人。

其實，不僅傷心的事要隨時放下，不要反覆咀嚼；一味地沉浸於曾經的成功、輝煌和快樂中，也會讓我們內心蒙蔽，錯失當下。

據說，日本的一些企業在年終時，都要舉辦「忘年會」。在會上，沒有領導發言，也沒有先進表彰，只有一句簡單的新年致辭：忘記過去，新的一年努力吧！榮譽也罷，挫折也罷，代表的都是過去，甩掉這些「行囊」才可以開創新的輝煌。

有些美好錯過了，說明它們本就不屬於你；有些人離開了，說明他們不是你的同路人。這不代表我們將一無所有，孤苦伶仃。得與失、成與敗、聚與散的循環往復本來就是人生的常態。不念過往，不畏未來，安於當下，才能人生常樂。

情緒化推理：僅憑感覺做判斷讓你消極拖拉

人的情緒是影響認知的重要因素。不同的人從不同的角度，觀察某一個事物，都會產生不同的印象和看法。事物的本質並沒有發生變化，我們得到的結果只是自己內心情緒的體現罷了。

《菜根譚》中有這樣一段話：「人情聽鶯啼則喜，聞蛙鳴則厭，見花則思培之，遇草則欲去之，俱是以形氣用事。若以性天視之，何者非自鳴其天機，非自暢其生意也。」這句話的意思是，很多人喜歡聽黃鶯的叫聲，而討厭青蛙的叫聲，見到鮮花就想培育，見到野草就想拔掉，這只是根據某一事物的表像而做出的判斷。但從一個自然生物的本質來看，哪一個生物不是按照自己的天性來發展的呢？而這種觀點或行為的產生，只是源自一個人自身的情緒而已。

心理學研究表明，人在情緒波動時，無法進行理性決策。因為，當一個人的情緒比較激動時，大腦皮層的理性部分是停止工作的，也就是只能依靠下意識的衝動和思維習慣來判斷。如果你長期處於情緒化的狀態，不能合理地管理情緒，就很容易發生情緒化推理。

情緒化推理是指：以自身情緒作為評價外界事物的依據。你的理性認知受限於當下的情緒體驗，當心情好的時候，你會認為周圍的一切都格外美好，當心情不好的時候，你就覺得整個世界都昏暗無光。但這種推理方式是一種誤導，你的感覺只是反映了你的想法和信念，如果它們是消極的，你做出的判斷就可能失去正確性。

情緒化推理的常見表現，就是會變得消極拖遝。比如房間的垃圾已經很久沒有清理，是因為你在潛意識中暗示自己：這些亂七八糟的家務，我一看到就感到煩躁，看來很難打掃乾淨，那麼就不如不做，等以後再說吧。但實際上，清潔工作並沒有你想像中那麼困難，你只不過是習慣於讓消極的思想引導你的行為。

情緒化推理的產生，源自童年時期外界的影響。一種情況是：你所處的家庭對情緒的認知是空白的狀態，父母和身邊的人並沒有察覺情緒、管理情緒的意識，於是，你就無法具備這種意識；另一種情況是：你被父母過度保護，以至於無法自我反思，喪失對情緒管理的意識。當你出現憤怒、沮喪等情緒時，你會意識到情緒的到來，卻無法主動約束，任由這些情緒氾濫，自己沉浸其中。

一個優秀的人，往往是情緒管理的高手，能夠在不動聲色中掌控內心的情緒波動。如果你無法管理自己的情緒，會由於過於情緒化而影響自己的正常生活，給自己帶來很多麻煩。

那我們該如何管理情緒，避免情緒化推理的產生呢？

1. 正視內心的感受

不同的情況，出現的情緒強度也不同。當我們出現情緒波動時，我們可以通過問自己「此刻我是什麼樣的感受」、「對方的拒絕是否令我真的難過」等問題，來確認內心的真實感受。在確認自己情緒的過程中，我們能夠感受到情緒給我們帶來的變化，從而更有效地管理情緒。

2.接納自己的情緒

一種積極的情緒，能夠促使積極行為的產生，而消極情緒，很可能會引導我們做出不理智的決定。但無論哪種情緒，都是我們心理的一部分。當我們出現負面情緒時，不要一味地聽之任之，我們要學會接納這種情緒，並通過合理的方式進行宣洩。比如向自己信任的朋友、家人適當地傾訴，通過運動等消耗體能的方式調整自己的情緒等。

3.肯定自己

當我們發現自己做得不夠好的時候，不要自怨自艾。只要相信自己、肯定自己，就能產生巨大無比的力量。尤其是容易情緒化的人，一定要學會激勵自己，充分發揮自己的創造力，體會成就感。

對我們而言，情緒化不可怕，可怕的是不願面對情緒，拒絕管理情緒。以積極的心態，去面對自己的情緒問題，在衝動之前為自己建立一道情緒的防火牆，這樣你就不會被任何負面情緒打倒。

災難化思維：避免無限誇大不良後果

心理學家認為，當人面對困境時，最能讓人變得無力的思維就是「災難化」。「災難化」思維指的是，將遇到的一切事情看作災難，或者基於最小的徵兆做出最糟糕的假設。

比如在面對某些困境時，發出「天哪，我一定是世界上最不幸的人」、「這簡直是世界上最糟糕的事情了」之類的感歎。在不斷給自己暗示的過程中，使自己的自信心持續受到打擊，從而導致事情往更壞的方向發展。

一天晚上，一位司機在一條鄉間小路開車。突然，車子爆胎了，他在更換輪胎時，發現自己沒有帶千斤頂。於是，他打算到不遠處的一戶人家尋求幫助。

他一邊走，一邊在心裡盤算著：「如果沒有人來開門怎麼辦？」、「如果對方沒有千斤頂怎麼辦？」、「如果對方認為我是壞人，拒絕我怎麼辦？」……他越想越急躁，越想越憤怒。等到那戶人家開門時，他大聲朝著對方喊道：「不借就不借，你自己留著用吧。」

我們是否也總會把事情往壞處想，每天都處在緊張、猜疑、擔憂的情緒中，從而覺得生活一點兒都不快樂。這其實就是一種災難化思維。時常懷著災難化思維的人，往往將事情的後果想得非常嚴重，甚至對將來不可能發生的事也做最壞的打算，從而讓我們的情緒不穩定，本來力所能及的事情往往因為想得過多，反而做不到了。

有一年的美國網球公開賽第五場半決賽。在經歷了四個小時史詩般的對決後，費德勒只需要再獲得一分就能擊敗年輕的對手德約科維奇。

然而，當費德勒往德約科維奇的右側迅速用力發球後，他發現自己陷入了進退兩難的境地，德約科維奇將他的發球以一種致命精準的正手回擊過來，費德勒沒能接住，德約科維奇的冷靜使人群激動不已。約翰・麥肯羅稱德約科維奇的這次回擊為「史上最棒的擊球之一」。最後，德約科維奇贏得了整個比賽。在後來的新聞發佈會上，費德勒表示，自己之所以輸了是因為德約科維奇「幸運的一擊」。在網球運動中，確實有某些球員就是這樣贏的。

在過去的兩年裡，費德勒沒有贏得大滿貫的原因並不是由於身體原因，而是在關鍵時刻出現的心理脆弱問題。用體育界行話表示，他被「哽住了」，這是由於費德勒過度考慮壞結果導致的。

一名運動員在關鍵時刻出現失誤，往往是由於他們對勝負的結果考慮得過多，從而失去了勝利所需的靈活性。也許費德勒在內心深處意識到他的對手使用了一種很重要，但自己一直以來都無法學會的能力：關鍵時刻不去過度思考結果的好壞。

即便考慮到了最壞的結果，但是我們覺得勝券在握，胸有成竹，最壞的結果我們也能應付。這樣的話，倒也沒有什麼妨礙。所以，當我們因為過分想像最壞的結果而心生焦慮時，是因為我們想的是一種逃避的應對模式，事情還沒開始就想逃避，甚至事情不可能發生就先從內心深處想著逃避。除了往不好的角度考慮過多外，這樣的人平時多半缺少足夠的獨立性以及自信心，對有些可能發生的事，害怕自己沒法應對，所以需要調用全部的能量來應對這些不安。

針對這種情況，除了不要多想不好的結果外，平時在做任何事情時，也要培養自己堅定的自信心以及提升解決相關問題的能力。這樣，即便是最壞的事情發生了，我們也不會過於焦慮不安。久而久之，也就不會再去想最壞的結果了。

「積極心理學之父」馬丁‧賽利格曼把永久的、普遍的、個人化的定義為悲觀的表現；把暫時的、特定的、非個人化的定義為樂觀的表現。比如：同樣的一件「我這次數學沒考好」這件事。悲觀的解釋就會是「我永遠學不好數學，我腦子太笨了，我學啥都不行」；樂觀的解釋則是「這次數學沒考好，是因為我有些貪玩了，沒用心學習，只要專心一點，就可以趕得上。」

擺脫「災難化思維」的根本方法在於建立「反災難化」思維。「反災難化思維」指的是站在客觀角度上看待事件與問題，用積極心態面對事件產生的後果。

如果我們一直陷入「災難性思維」中無法自拔，幻想中的最壞結果說不定就會真的出現，因為我們喪失了轉變的信心和動力，從而將錯就錯，破罐子破摔；反過來，假如我們懷著積極的態度面對失敗，我們就會去尋找改變不好的結果的方法，最後，這件事情也就到此為止，不會再惡化了。

很多事情出現最壞的結果，往往是一系列的條件都具備了才可以實現，每一種最壞的結果也只是「萬一」才會出現的。即便遇到了一次「萬一」，再遇到其他的「萬一」的機率更小了。即便有些事，結果未可知，但我們也應該將自己當作生活中的幸運兒，那些不好的結果不會再次發生在你的身上。

負性注意偏向：別只關注壞的一面

人生就像過山車一樣，不會一直停留在頂點，也不會始終爬不出低谷，往往是一個快樂與痛苦交替的過程。但是，相同的苦與樂，樂觀的人會保留生活中的美好印象，而悲觀的人會過濾生活中的美好，留下痛苦的回憶。

情緒消極的人，在生活中總是會看到壞的一面。比如同樣地面對晨曦，消極的人會說「天還是這麼黑」，從而變得悶悶不樂；而積極的人則會說「太陽正在逐漸升起」，滿懷期待地迎接日出。從心理學角度分析，當一個人處於負面情緒中時，由於情緒一致性效應的影響，他會優先注意負面資訊，從而引發負面情緒，繼而加重對負面資訊的注意偏向，形成惡性循環。

當一個人長期處於負面情緒中，他的認知能力會受到干擾，在做任何事情時都不自覺地過濾積極資訊。在負面情緒的引導下，他的內心便會形成一種無可奈何的不作為情緒，從而分散自己做其他事情的精力，將自己困在負面資訊之中，甚至在給他人的傾訴中都充滿了強烈的負面情緒。這種自我暗示，會嚴重挫傷一個人面對困難的信心，令他變得畏首畏尾，躊躇不前。

如果我們能夠將自己在逆境中只看到消極資訊的固定思維，轉向多思考一下其存在的合理性，想方設法去解決這個問題，而不是任由其發展、自此消沉下去，如此，**充滿正能量的調整和心理暗示會讓你在前進的路上無往不利**。

當我們把注意力集中在有意義的事情上，就像黎明前的陽光，消極的黑暗面自然就可以被我們遮罩。當然，這不是讓我們故步自封，對自己的缺點、不足視而不見。適當地瞭解自己有所不足，有助於自己的不斷進步。然而，如果只關注自己的不足，將其與他人的優勢做比較，自己終究會變得「一無是處」。

一天早晨，一個園丁在他的花園中巡視，發現所有的花草樹木都枯萎了。他非常詫異，就逐個詢問這些花草發生了什麼事情。

門口的橡樹說，自己因為覺得沒有松樹那樣堅韌挺拔，便生出厭世之心，不想活了；而松樹又恨自己不能像葡萄藤那樣結出甜美的果子，也變得沮喪；而葡萄藤也因為自己不能直立而傷心……

生活中不會有十全十美的人，也不會有十全十美的事物。所謂「過濾」消極的一面，不是竭力地把不足的一面剝離，只留下美好的一面，而是關注美好的一面，也要允許不美好的一面存在。如果刻意遮罩不好的一面，實際上我們的注意力仍然放在了不好的那一面。聽起來像是讓我們戴著一副有色眼鏡看待我們的生活，只不過這副眼鏡是積極的。古希臘哲學家蘇格拉底曾經和幾個朋友居住在一間只有七八平方米的房子裡。友人認為他居住的條件太差了，他說：「朋友們住在一起，隨時可以和他們交流感情，不是一件很高興的事嗎？」

幾年後，房子雖然變大了，卻只有他一個人在裡面居住，有人問他會不會感到寂寞，蘇格拉底回答說：「我有很多書啊，每一本書都是一位老師，和這麼多老師在一起，不也是很高興的事情嗎？」

後來蘇格拉底住的房子更是多層的樓房。在一樓的時候，他說：「一樓方便，可以在空地上種種花。」搬到頂樓上之後，他則說：「頂樓光線好，白天晚上都安靜。」

古語有言：「知足常樂。」當我們過濾生活中消極的一面，珍惜當前積極的那一部分，我們對生活才會充滿信心，心情才會愉快。而愉悅的心情也會讓我們擁有清醒的頭腦、縝密的思維來面對以後的生活，即便再遇到一些困境，也不至於深陷其中。

第六章　脆弱背後的心理防禦機制

否認：當作沒發生，來獲取心理上的暫時安慰

否認是一種原始且簡單的心理防禦機制，指的是通過扭曲個體在創傷情景下的想法、情感及感受，來逃避心理上的痛苦。或者對不愉快的事件進行否定，當作它沒有發生，來獲取心理上暫時的安慰。

心理防禦機制中的否認行為，能夠使人獲得短暫的心理安慰和平衡，不至於突然承受巨大的壓力和痛苦，導致精神崩潰，達到保護自己的目的。

一般來說，內心脆弱、閱歷淺薄的人，會下意識地使用否認機制。比如小孩子不小心打碎了花瓶，會下意識地用手將眼睛蒙起來；員工在上班時間玩手機，被主管發現，謊稱自己只是在看時間，等等。之所以否認，是因為一旦承認問題的存在，就意味著我們不得不去面對或處理與之相關的問題，而給自己帶來痛苦的體驗。

李文喜是一個孤寡老人，他的兒子在幾個月前去世了。但他每天一如既往地準備一大桌子菜，等自己的兒子回家吃飯，每次都要等到晚上十二點才肯去休息。他總是一邊收拾碗筷，一邊安慰自己：「兒子今天一定是太忙了，才沒有時間回來的。」

身邊的親人和鄰居曾經勸慰過老人，卻被他痛罵一頓。他的內心始終不能接受兒子已經去世的事實，只能不停地欺騙自己，讓自己心存一絲希望。對他而言，那一桌飯菜就是兒子未曾去世的希望和證據。

否認機制在一定程度上能夠幫助人們適應當下的環境狀態，產生積極的效果。心理學家拉紮勒斯研究發現，當一個病人即將動手術時，如果他否認病情，堅持自己的錯覺，會比那些熟知手術情況，精確估算痊癒情形的人要康復得更快。不過，這種否認機制並不適用每一種情況，更多時候，它會阻礙我們認清事實本身。否認越多，我們與現實的接觸就會越少，心理機制的運作就會更加困難。長此以往，在遭遇某些問題時，我們寧願自欺欺人，也不願讓外界的任何想法進入意識中。

否定事實並不能使當下的處境發生變化，所以，否認機制只能暫時緩解壓力，並不能解決實質問題，如果長期使用否認機制，遇到的問題可能會越來越惡化。比如當一位女士拒絕承認自己的乳房腫塊是癌症的預兆時，長時間的逃避可能會造成更嚴重的後果。

白岩松在《痛並快樂著》一書中寫道：「生命原本脆弱，我們只能堅強地活著並尋找快樂。」人生中的不幸是無法避免的，與其否認事實，逃避痛苦，我們不如學會直面這些「不幸」，允許自己痛苦、抱怨，在一個不斷適應的過程中逐漸接納它們。

當痛苦襲來時，我們難免會做出一些不夠理智的舉動，這是人的一種本能，並沒有對錯之分。但是，無論你怎樣否認、逃避，事實始終都擺在眼前，讓你不得不去承認。與其在現實的逼迫下，一次又一次地忍受痛苦的折磨，倒不如鼓起勇氣，坦然面對所有的事實，劇烈的傷心過後就把曾經的痛苦拋到一邊，重新開始我們的生活。

里茲・維拉斯奎茲出生後不久，就患上了馬凡氏綜合征和脂肪代謝障礙，這讓她身體裡無法儲藏脂肪，全身瘦成了「皮包骨頭」。在她十七歲的時候，偶然間點開了社交網站上的一個視頻，視頻的標題是《世界上最醜的女人》，沒錯，視頻中的人就是她。

她並沒有逃避與生俱來的不幸，反而坦然地接受了有缺陷的自己，甚至也開始學著去接受別人異樣的目光。當街上有人盯著她看時，她會主動上前，友好地表達自己不願意被人這樣盯著看的意願。

後來她把自己的經歷寫成了書，分享給那些同樣經歷著不幸的人，她勇敢地站在ＴＥＤ的舞台上講述自己的故事。從她直面自己的那一刻開始，她的人生走向了一條上坡路，她從一個默默無聞的醜女孩，變成了一個勵志作家、演說家。

有時候，人的內心走向強大的轉機就在你坦然地接受悲慘遭遇的那一刻。從你面對現實開始，你不再鬱鬱寡歡，不再否認逃避，而會以一種全新的態度、飽滿的熱情，在殘酷現實的基礎上開始新的努力。

坦然接納人生中的不幸，是一種積極的人生態度。因為只有接受了，你才會想著去改變。更多的時候，我們並不是無法接受身邊的人和事，只是因為畏懼痛苦而選擇逃避。這個時候，如果你能夠冷靜下來和自己交談，往往能夠讓自己審視事物的目光變得客觀，從而使自己接受眼前的事實。

眼前的不幸，我們越是逃避，痛苦就會持續得越久遠，唯一的正確做法就是直接面對。如此，在一件事或者兩件事之間，你可能會感到無所適從，可是當你的經歷足夠豐富，你的心態就會足夠坦然，所謂不幸也很難再侵蝕你快樂的心。

移情：轉移情感，把傷害降低到最小

移情是指：將對某個對象的情感、欲望或態度轉移到另一個較為安全的對象上，而後者成為前者的替代品。通常當個體的情感、欲望或態度由於不符合社會規範、具有危險性或不為自我意識所允許時，為了降低內心的焦慮，移情機制就會啟動，將它們轉移到一個較為安全或容易被大家接受的對象身上。

心理學中有這樣一個案例：

一對夫婦因感情不和而選擇離婚，父親獲得了兒子和女兒的撫養權。由於工作關係，父親只能將孩子寄養在爺爺奶奶家中。爺爺奶奶對母親堅持離婚的態度十分不滿，在不知不覺中將不滿情緒發洩到與母親相像的男孩身上，對他的管教非常嚴格，經常無緣無故地毆打他，但對女孩的態度完全不一樣。

男孩感到心裡不平衡而離家出走，經過父親的勸解，男孩最終還是返回家中。但回到家的男孩出現了破壞家中物品、毀壞自己的衣服，甚至自殘的行為。

移情也是心理防禦機制的一種，它根據轉移的內容，可分為替代性對象的轉移和替代性方法的轉移。這兩種轉移方式都會將自身的情緒和欲望，以相應的行為表現出來。案例中老人的行為就是替代性對象的轉移，將對男孩母親的不滿情緒轉移到了男孩身上；男孩則使用了替代性方法的轉移，以毀壞物品甚至自殘的行為來表達內心的反抗情緒。

移情也是心理諮詢中最常使用的重要概念，指的是諮詢者將對父母或曾經的某一個重要事物的情感、態度轉移到心理諮詢師身上，並相應地對諮詢師做出反應的過程。在這個過程中，心理諮詢師變為諮詢者所選擇的替代對象，並接受對方潛意識中的情感或情緒。如果轉移的情緒為喜愛、仰慕等正向情感，則被稱為正移情；如果轉移的情緒為憤怒、憎惡等負面情感，則被稱為負移情。

古人云：「愛人者，兼其屋上之烏。」意思是喜歡一個人也會喜歡他房屋上的烏鴉，這就是一個正移情的表現。如果恰當使用移情機制，便能通過對方所喜歡的人或物，將對方傾注其中的情感轉移到自己身上，從而建立良好的關係。

相較於正移情，負移情的現象更為常見。比如當一個學生受到老師批評時，會認為所有的老師都是不明事理的；一個被員警無故責罰的人，會認為所有的員警都是壞人。如果負移情的機制走向極端，會釀成極為嚴重的後果。就像有些人在生活中遇到了不公的事情，內心的情緒不斷發酵，將這種情緒發洩在一個無辜的人身上。美國社會新聞就曾報導過這樣一個案件：一個失戀的年輕人，對女友的離去心生怨恨，從而以殘害他人的方式宣洩內心的憤怒，在他受到法律制裁前，他已經連續殺害了十多位與他的女友相貌相似的人。

而且，負移情對負面情緒的傳染所導致的惡性循環有著推動作用。比如經典的「踢貓效應」：一位父親在公司受到了主管的批評，將對主管的憤怒和不滿情緒發洩在家人身上。孩子因為在沙發上亂蹦亂跳，遭到了父親的臭罵，心中非常氣憤，狠狠地踹了身邊的貓一腳。貓逃到街上後，恰好遇到了一輛卡車，卡車司機趕緊避讓，卻把路邊的孩子撞傷了。

對於移情這種心理反應，客觀地來講，無論哪一種移情，都很容易令人形成固定的心理定式，從而造成判斷失誤並可能產生成見或偏袒。

所以，我們要學會控制自身的情感和欲望。當你選擇接納自己的「壞」情緒時，它就像是流水一般流過我們的身體，以不同的方式發洩出去，並不會對我們的身體造成什麼危害。同時，還會強化我們對負面情緒的認知，積極地採取有效的措施和方法去改變你的現狀。但發洩並不意味著當你被負面情緒包圍時，可以遷怒別人，發洩在別人身上，這樣很容易傷害到別人。你可以通過跳舞、跑步、逛街或者傾訴等，這些積極正面的方式去發洩自己的不滿。尤其是運動，既能夠鍛煉自己的身體，也能夠使不滿隨著出汗而消失。

研究發現，人體最主要的特徵就是能夠進行自我調節。當你有負面情緒的時候，積極接納它，你的身體就會想辦法去積極調節。相反，你如果一直逃避，不接受，你的身體接收不到你想要改變的信號，自然就會消極怠工。

當你憤怒想要發脾氣的時候，不妨先深呼吸六十秒鐘，讓被情緒控制的身體重新回到大腦的控制中，冷靜下來。關鍵是，在這一分鐘內，通過深呼吸可以將內心負面情緒引發的衝動平息下來，然後再想辦法解決問題。

我們無法改變環境，但是我們可以改變自己的心境，學會接納自己的壞情緒，這樣，哪怕是在人生的沙漠裡，我們也可以做一棵堅強的仙人掌。

文飾：減輕痛苦的精神勝利法

文飾：指的是當個體遭受挫折或無法達到預期目標時，而產生的一種心理防禦機制。通常以一種看似合理的理由來為自己辯解，將面臨的困境加以掩飾，用來隱藏自己的真實動機和願望，從而達到緩解焦慮、維護自尊的目的。

一般來說，文飾可分為三種心理。

1. 酸葡萄

心理學中將因個體能力不足而無法達到預期目標，以貶低和打擊原有目標的方式來降低內心的欲望、減輕焦慮情緒、獲得心理安慰的行為稱之為「酸葡萄心理」。也就是我們常說的「吃不到葡萄說葡萄酸」。

比如，一個學生沒有被自己心儀的名牌大學錄取，就安慰自己說：「名牌大學也就那樣，而且競爭激烈，說不定拚命學習都不能取得矚目的成績。我在一般的大學中學習，說不定輕輕鬆鬆就能名列前茅。」

2. 甜檸檬

心理學中將當個體因受到某種阻礙而無法達成預期目標時，為了避免自身價值因此遭到貶低，維護心理平衡，退而求其次，強調自身既得的利益，將自己所擁有的事物看作最佳選擇的行為稱之為「甜檸檬心理」。換句話說，就是當我們吃不到葡萄時，得到了一個又酸又澀的檸檬，為了安慰自己，我們就將它視為一顆甜檸檬。就像生活中，我們遭遇了一些不如意的事情，為了減少內心的失望與痛苦，我們會努力強調事情美好的一面。

比如當一個人娶了一個相貌平平的妻子後強調她的善解人意；當一個人嫁給了沉默寡言的丈夫後強調他的忠厚老實。

3. 推諉

推諉，是指個體將自身的缺點或失敗，推諉於其他原因，讓他人承擔其過錯。

比如，當一個人考試成績很糟糕時，他不願承認自己的能力不足，反而將責任推給老師，指責老師教得不好、閱卷不公、編寫的考題超出範圍等。

以上三種心理的產生，源自當個體的真正需求無法得到滿足而產生挫敗感時，為了消除內心的負面情緒，來保護自尊心，他們會通過編造一些「合理」的理由來進行自我安慰，保護自己不受消極心理的影響。這些理由往往是不正確、不客觀、不合邏輯的，但由於個體能夠通過它們避免精神上的苦惱，減少失望情緒，從而在他們心中變得合理。

古人云：「人生不如意事十之八九。」面對生活中的諸多力所不及的事情，文飾心理作為一種心理防禦機制，在緩和內心焦慮或不安的情緒、降低精神負擔、保持心理平衡以及防止因情緒激動而出現過激行為等方面有著積極意義。雖然文飾心理從心理健康角度能夠為人們提供一定的幫助，但每一個事物都會有其兩面性。如果當我們遭遇挫折或失敗時，一味地用文飾心理安慰自己，就很容易走進一個誤區。

就像魯迅先生筆下的阿Q，總為自己受到的侮辱和不公平待遇尋求自我安慰。面對富有的趙太爺和錢太爺，他會說：「我們之前比你闊得多啦！你算是什麼東西！」、「我的兒子會闊得多啦！」面對欺負而無力還手時，他會說：「我總算被兒子打了，現在的世界真不像樣……」文飾心理就像一支麻醉劑，使阿Q不能正確認識自己所處的悲苦境地，過著奴隸一樣的生活，到死也沒能覺悟。

因此，想要避免落入文飾心理的誤區，可以通過以下幾種方式做好防範。

1.理解文飾心理的本質

我們要知道，文飾心理只是一種治標不治本的心理防禦機制。它只能令我們在一段時間內維持自尊和心理平衡，避免因情緒激動而出現過激行為。就像降壓藥一樣，血壓上升時吃一片，瞬間見效。如果長期以這種方式抑制高血壓，不僅容易使身體產生抗藥性，而且很可能造成無法補救的情況。

同理，當我們遭遇挫折或失敗時，一味地用文飾心理來安慰自己，很容易養成逃避現實的習慣，不敢踏出自己幻想的完美世界，變得日益消沉、不思進取，最終形成病態人格，影響自己的生活和身體健康。所以，文飾心理的弊端與積極效應相比，要更具危險性。

2.正確認識自己

我們要對自己有一個正確的認知，並勇於直面挫折和失敗。人生中的挫折和失敗是在所難免的，如何正確地對待我們所遭遇的挫折和失敗尤為關鍵。如果我們使用文飾心理安慰自己，只能獲得短暫的安寧，卻會丟失人生前進的方向。

如果我們直面挫折和失敗，冷靜地分析原因，總結經驗和教訓，雖然這是一個痛苦的過程，卻可以為我們找到真正的問題所在，從根源上切除「病源」。

面對生活的挑戰，我們只有沉淪和強大兩種選擇，要麼一蹶不振、鬱鬱終生；要麼迎著風浪，主動出擊。挫折和失敗是我們走向成熟和強大的必經之路，加強自己前進的動力，勇敢面對挫折與失敗，才能使我們的內心變得強大起來。

退行：保護自己的反成熟幼稚行為

退行是一種常見的心理防禦機制，指的是個體面對挫折時，為了緩解內心焦慮和不安的情緒，從而表現出與年齡不相符的幼稚行為。這是一種反成熟的倒退現象，通過放棄比較成熟的行為方式，將自己置身於兒童的狀態，拒絕應對挫折，恢復對他人的依賴，從而滿足自己的某種欲望。

這種心理防禦機制在各年齡段均有體現。比如，一個孩子，本來已經能夠自行大小便，卻突然出現了尿褲子、尿床等行為。原來，這個家庭新添了一個嬰兒，父母將所有的精力都放在了弟弟身上，而無暇顧及能夠自己照顧自己的哥哥。這時，哥哥感覺自己無法像從前一樣獲得父母的照顧，便出現了退行。

成年人也經常出現退行現象。比如一些成年人將全部的業餘精力都花費在網路遊戲上。因為網路遊戲存在某些設定，與現實世界相比，他們更容易獲得控制感，這能夠彌補他們在現實生活中的不可控感和無力感，這就是典型的退行。

發脾氣是退行的最普遍表現，個體通過哭鬧來處理問題，而不是真正嘗試去解決問題。這種行為的根源在於，孩子真的是需要通過哭鬧、抵抗這些信號來獲得幫助的。所以，像孩子那樣發脾氣意味著告訴別人：你必須幫我處理這個問題，因為我是個孩子。

暫時性的退行是一種正常現象。一個人在成年之後，會按照成人的方式和態度來處理問題，但在某種情況下，採用比較幼稚的行為反而會給生活增添不少情趣。比如父親在地上假扮馬被孩子騎、妻子向丈夫撒嬌，等等。

但是，一個人長期以一種幼稚的方式處理任何事情，獲得他人的同情與照顧，以避免面對現實中的問題與痛苦，那就是一種心理疾病。因為，退行機制畢竟只是一種逃避行為，而不是解決問題的方式，而且不成熟的行為會將所面臨的問題難度加重。

張靜由於從小被母親嚴加管教，母親蠻橫無理的行為給她留下了深刻的印象，她從小就對權威人士產生強大的畏懼感。張靜長大之後成了一名中學教師，雖然能力很強，但在權威人士面前，她就變得毫無主張。

她在學校是一位很受歡迎的教師，但校長每次與她談話時，卻總是感覺她沒有自信。因為，她不僅表現出驚慌失措，而且當校長要求她做一件事時，她總是表示自己不會做，需要校長將詳細的步驟告訴她。她的種種表現，在校長眼中，就像是一個愚昧無知的小女孩。

在退行行為產生的過程中，個體的欲望以一種退化的形式表現出來，在一定程度上歪曲和破壞了正常意識的作用和功能。因此，雖然退行機制能夠幫助個體消除因外界干擾帶來的焦慮狀態，實現心理上的短暫平衡，但長期的退行行為會帶來心理疾病。

如果個體直接表達欲望的衝動遭到環境的遏制，只能通過退行達到滿足，而個體始終不能克服這種狀態，長此以往，便會在個體心裡埋下失衡的危險因素。比如在痛苦產生之前就感到緊張的焦慮性神經症患者；長期處於痛苦、抑鬱的憂鬱性神經症患者；長期遭受煩躁不安情緒困擾的不安性神經症患者等，都是因為長期退行行為而引起的心理機能紊亂。

當退行行為產生時，我們要慎重考慮自己為什麼要設定這樣一個目標，告訴自己，既然選擇了前進，就不要辜負自己，不堅持到底怎麼能知道自己是否具備足夠強大的能力。更多時候，拒絕長大就是拒絕更好的人生。同時，我們也可以通過向他人傾訴，獲得理解和支持，放下心中的顧慮，將內心的困擾宣洩出來。只要我們開口，就是對內心情緒的一種疏導和緩解。當我們敢於直面挫折時，就是我們的內心變得強大的時刻。

淡化：弱化心理體驗強度，順其自然

「淡化」是指弱化心理體驗強度，從而減輕心理負擔的過程。簡而言之，就是降低對外部資訊刺激的關注度，弱化其對心理認知的影響。

比如當我們小心翼翼地與他人相處時，會產生很大的心理負擔，很可能導致雙方關係的僵化。但是，如果我們正常與他人交往，順其自然，反而會相處得更好。這就是弱化心理體驗強度的結果。

很多時候，我們之所以沉浸在焦慮或抑鬱等負面情緒，就是因為在不斷思考或追問中，強化了外界資訊對心理體驗的刺激強度，從而進一步感到焦慮或抑鬱。而「淡化」機制，就是要求我們順其自然，允許內心情緒或思維的出現，但不會隨意認同這種情緒或思維，更不要花費時間和精力去消除或糾正它們。換句話說，就是不受內心產生的情緒或思維的影響，以現實生活為基本出發點，去做自己該做的事情。

比如當你需要上台演講時，你因為缺乏演講的經驗感到很大的壓力，產生恐懼感。但是，焦慮和畏懼情緒的出現是一種正常現象，大多數人都會出現類似的感受。你不要將精力放在處理自身情緒上，甚至幻想失敗的場景，而是要針對當下，做自己力所能及的事情。

有些人的心理創傷難以治癒，就是因為太過於關注這道「傷口」，不是急於讓「傷口」癒合，就是嫌棄傷疤的醜陋。在這個過程中，他們除了只是在不斷提醒自己傷疤的存在，並沒有任何積極效果。

著名小說家塔金頓和他的朋友聊天時表示，其他所有苦難他都可以承受，除了失明。不知道這是不是他給自己設定的一個魔障，在他晚年時，黑暗還是找到了他，醫生鄭重地告訴他：你的一隻眼睛已經完全失明，另一隻也差不多接近失明，希望你做好準備成為盲人。

這個厄運給了塔金頓當頭一棒，頓時所有委屈和抑鬱一湧而來，他一時間無法分清現實和幻想的差別。他只能嘗試著去接受，並且主動找醫生接受治療。他甚至在完全失明後不斷安慰自己的家人：「我沒事，不要為我擔心。」

即使已經被醫生定義為失明，但是他沒有放棄希望，很快他開始積極接受手術，為儘快恢復，他一年內上了十二次手術台。他不光用積極的心態改變自己，還走出私人病房，來到公共區域和病友們聊天，用他天生的好口才逗其他人開心，讓他們從悲傷的情緒中走出來。

在又一次手術結束後，他的視力依舊沒有得到很大改善，但是他默默安慰自己說：「看不見沒關係啊，我現在是多麼幸運，能體驗到這麼專業的現代科技，連眼部都可以手術，對以前的人類來說是想都不敢想。」

當我們遭遇到突如其來的外界刺激時，如果我們無法妥善地接納這種刺激帶來的負面情緒，而是自行進入沮喪等情緒中，沉浸在委屈中無法自拔，也就不能坦然地面對事情，那麼我們將會在未來更多地自我抱怨。我們不必刻意去消除內心的衝突，更不要試圖產生消除衝突的念頭和衝動，順其自然，讓內心的刺激感隨著時間的推移而慢慢減弱，直至消失。丟掉刻意而為和掩飾，避免因恐懼和逃避陷入自欺欺人之中。

順其自然，並不意味著消極地等待結果，而是不去苛求自己，不去折磨自己。即使失敗了，也不要悲傷，哪怕結果不是我們想要的，但我們享受了努力過程中的美好。

世界上沒有過不去的事情，只有過不去的心情。很多事情不是我們做得不好，而是我們在心裡放不下。比如被欺辱、被排擠、被怨恨、被批評、被拆台。你生氣，是因為自己沒有順其自然的心態；你悲傷，是恨自己不夠堅強和脆弱。

昇華：不幸是一所最好的大學

「昇華」一詞是心理學家佛洛德最早使用的，用以解釋個體將饑餓、性欲或攻擊等本能轉化成自己或社會所接納的行為，是一種個體受挫後，因心理壓抑，從而向符合社會規範的、具有建設性意義的方向抒發的心理反應。簡而言之，就是將社會所不能接受的行為，轉化為社會所能接受的行為，以獲得內心的寧靜與平衡。

從心理學角度來看，當個體的某種願望不能實現，或遭受巨大的挫折，為了消除內心的挫敗感和自卑情緒，他們會將自己的經歷轉移到對文學、藝術等方面的追求，通過某領域的成就來維持心理的平衡。每個人的內心都有一個天使，也有一個魔鬼，而昇華的作用就是讓內心的天使駕馭魔鬼。

有一位保險公司的火災調查員，他每次聽到有關火災的消息，就馬上趕到現場調查起火的原因，以幫助公司分析，是否需要負責給予賠償。當他趕到火災現場時，總會有一種無法言說的興奮感。因為他從小就有玩火的欲望，卻不會隨意放火，成為一名縱火犯。反而善於利用這種本能的衝動，成了一名火災調查員，為公司服務。

昇華是積極的心理防禦機制。有這樣一種觀點：所有的昇華都依賴於象徵化的機制，而所有的自我發展都依賴於昇華機制。如果沒有將一些本能衝動或生活挫折中的不滿怨憤轉化為有益世人的行動，這世界將增加許多不幸的人。

雖說這種觀點太過絕對，但我們不得不承認昇華機制能夠給人們帶來的積極影響。比如一些音樂家將消極的生活體驗，如藥物成癮、家庭矛盾等問題，昇華在他們的歌曲和表演中，轉而激勵和鼓舞著大眾。西漢文史學家司馬遷，因得罪當朝皇帝被判處宮刑，在獄裡，他撰寫出了流芳千古的《史記》。

所以，當我們面對人生中的不幸時，要化悲憤為力量。正如稻盛和夫所說：「遭遇失敗和困難的時候，不是牢騷滿腹，不是怨天尤人，而是忍受考驗，堅持努力，將逆境轉化為順境。」

一九四四年，任正非出生在貴州安順的小村莊裡，家境極度貧困，而且家中有七個兄妹。他畢業後有一份很好的工作，但是在四十三歲時，他突然想要創業。後來，他先是被騙了兩百萬元，又被國企開除職位。最慘的還沒有停止，他家庭破裂，離了婚，一大把年紀卻和父母一同住在窩棚裡。最終，他沒有放棄創業這個事情，經過多年努力，成功地創立了華為公司。

不幸只是一時的不如意，態度才是決定接下來行動的關鍵。用良好的心態去迎接這些不幸，未來某一天，一定會被幸運眷顧。

正如奧斯特洛夫斯基所說：「人的生命，似洪水奔流，不遇著島嶼和暗礁，難以激起美麗的浪花。現實是此岸，理想是彼岸，中間隔著湍急的河流，行動則是架在河上的橋樑。」

補償：通過新的滿足來彌補原有欲望的挫折

補償機制在人的生理和心理上都有所體現。當個體生理上的某一項功能，因先天或後天的因素出現減弱或消失的情況，其他功能就會自動啟動補償機制。比如盲人因為失去了視覺，所以，嗅覺、聽覺和觸覺都會變得異常敏銳，這就是生理上的補償。

而心理上的「補償」是由心理學家阿德勒率先提出的，指的是因主觀或客觀原因導致失去心理平衡，企圖採用其他方式來補償自己，以減輕或消除失落、自卑等負面情緒。心理學上認為補償的心理防禦機制，能夠通過新的滿足來彌補原有欲望的挫折，是調整心理平衡的一種內在動力。

阿德勒認為，每個人天生都存在一種自卑感，而這種自卑感會使個體產生對優秀的渴求，而為了滿足優秀的條件，個體會通過補償的方式來克服自身的缺陷，達到使自己優秀的目的。就像在自我意識發展的過程中，有的人對自己的長相、能力等方面感到不太滿意。這種導致心理上產生不適感的認知，可能是事實，也可能僅僅存在於自我認知中，於是個體便開始用另一個方面帶來的滿足補償自己的缺憾。比如有些人認為自己的身體素質太差，不能在運動方面取得成就，便開始努力學習，在學習成績上獲得成就感。

補償機制可分為消極性補償和積極性補償。所謂積極性補償，是指以正確的方式來彌補自身的缺陷。積極性補償是一種積極的心理狀態，往往能夠令人奮發圖強，起到激勵的作用。當一個人處於困境之中時，如果他不願意屈服，不甘於現狀，就會在補償機制的影響下，變得強大，勇敢地前行。

「無臂鋼琴師」劉偉在十歲時因一次觸電意外失去了雙臂，但他並沒有因此而變得消沉，反而憑藉超凡的毅力成就了自己不平凡的人生。他在十二歲開始學習游泳，並在「全國殘疾人游泳錦標賽」上獲得了兩金一銀的優異成績。

二〇〇六年，他開始學習用雙腳彈鋼琴，每天堅持七小時的練習，僅僅一年的時間就能夠彈奏出相當於鋼琴專業七級水準的鋼琴曲《夢中的婚禮》。

補償作用可形成一種強有力的成就動機和有效能的力量，以幫助人們改正自己的缺陷。補償作用還可以增進安全感、提高自尊心以及維護心理健康水準。補償機制有積極的作用，也存在消極的作用。消極性補償則害多益少，不利於心理健康。所謂消極性補償，是指個體所選擇彌補自身缺陷的方式，並沒有為自己帶來滿足感，反而對自己造成了傷害。現實和理想總歸存在著一定的差距，如果你一味地補償，可能會加劇內心的脆弱。

補償機制對個體的心理以及行為的作用，取決於我們對補償方式的選擇。所以，面對自身的缺憾，我們可以採用一種多元補償的方式，也可以理解為「不要把雞蛋放在同一個籃子裡」。

舉一個簡單的例子：當一個人失戀了，他的情緒十分低落。這時，補償的自我防禦機制就會啟動，他就會做出購物、看電影等補償行為。但是，如果一味地將自己的注意力放在單一的活動上，短時間能夠緩解內心的情緒。但長此以往就會陷入惡性循環，由積極性補償轉變成消極性補償。

而多元補償的方式就意味著，我們可以選擇通過嘗試不同的領域，參加不同的活動來達到補償自己的目的。比如和朋友去唱歌、讀書、旅遊等，避免對某一項活動產生依賴性。

補償的心理防禦機制是一種能夠使人走出低谷的機制，如果善加利用，能夠使自己變得更加強大。但是，我們也要注意，千萬不能過於貪婪，將補償目標設置得不切實際，而且切勿在賭氣的情況下使用補償機制。只有積極的心理補償，才能激勵自己達到更高的人生目標。

第七章　發現脆弱的優勢

生氣讓你鼓起勇氣去行動

生氣，是個體對突發事件喪失掌控權的一種應激反應。每個人對無法掌控的事件的接受程度不同，從而導致了每個人生氣的臨界點也不同。有的人將生氣看作一種脆弱的表現，但是，這種情緒會因表達方式的不同，呈現不同的結果，甚至可能成為我們的優勢。

當一個人壓抑或沉浸在負面情緒中時，生氣往往會帶來焦慮和抑鬱。這種表達方式往往會對自己的身心健康造成不利的影響，令自己失去辨別能力。如果我們能夠正確引導這種情緒，化生氣為爭氣，會增強我們面對任何事情的勇氣。

一九五六年，一個女孩出生在法國巴黎的一個書香門第家庭。父母希望她能夠成為一名教師，但她不喜歡這個職業，反而熱衷於花樣游泳。她不止一次對身邊的人說，自己一定會成為一個優秀的花樣游泳運動員，但由於先天條件差，她經常遭到同伴的冷嘲熱諷。有人嘲笑她身體僵硬，有人嘲笑她在水中的表現力差……她感到十分生氣，卻沒有對同伴做出相應的反擊，而是將自己聽到的嘲笑通通記在了筆記本上，時刻警示自己。憑藉著不服輸的勁頭，她入選了巴黎花樣游泳隊，並獲得了法國游泳錦標賽的銅牌，令人大吃一驚。

十七歲那年，父親去世了，她不得不扛起家庭的重擔，有人勸她放棄學業，但她固執地認為自己能夠一邊上學，一邊照顧好家裡。周圍的人議論紛紛：「她每天家務都幹不完，哪有時間去學習？她想一邊學習，一邊打工簡直是癡人說夢……」她還是秉承一貫的做法，將這些激怒自己的話記錄下來，讓這些譏諷成為自己前進的動力。在上學期間，她不僅將家裡打理得井井有條，還獲得了全額獎學金以及赴美留學的機會。

留學歸來後，她成了貝克・麥堅時律師事務所有史以來第一位女總裁。她就是如今國際貨幣基金組織的總裁克莉絲蒂娜・拉加德。

人生是一場充滿意外的旅程，冷眼與嘲諷也會常伴我們左右。面對這些冷眼和嘲諷，我們難免會感到生氣，但情緒消退之後，擺在我們眼前的只有兩種選擇：一種是，沉浸在失落感和無力感中，不停地咒罵來自外界的惡意；另一種是，將外界的一切刺激轉化為前進的動力，通過自己的努力重新證明自己。

雖然被嘲笑的感覺很不好，但如果你能夠化悲憤為力量，總有一天，你會在心底對那些曾嘲笑你的人說上一句：「**謝謝你的嘲笑，讓我變得更加優秀。**」

樂嘉在《本色》一書中講述了自己的一段經歷：

有一次，一個朋友的老闆嘲笑說：「像他這樣連大學都沒讀過的光頭，有什麼文化，有什麼資格給我們公司講課！」樂嘉安慰朋友說：「有一天你老闆會求著你以十倍的價格把我請回來的。」

這句話在樂嘉的心中留下了無法磨滅的烙印，當樂嘉每次寫書想要偷懶時，他就會想起朋友的老闆說的這句話；當樂嘉想要逃避，不想堅持學習時，就罵自己：「樂嘉，你個王八蛋，難道別人當初侮辱你的那些話，你都全忘記了嗎？」然後，狠狠地搧自己一個響亮的耳光。正是在自我激勵的加持下，中專畢業的樂嘉發憤圖強不斷精進，最終成了中國性格色彩研究第一人和知名演講家。

所以，我們要正確看待生氣這件事情，生氣解決不了任何問題，抱怨世事的不公，咒罵外界的惡意毫無用處，甚至會讓原本簡單的問題變得複雜。對於這個問題，我們一定要學會控制自己的情緒，改變自己的心態，不要將自己的存在看得太過重要。一顆星星的隕落，不會使整片星空昏暗；一朵鮮花的凋零，不會令整個花園喪失芬芳。與其怨天尤人，不如站起來直面困難，將積壓在內心的負面情緒轉化成動力，鼓起勇氣去解決眼前的困難。我們無法改變所處的世界，那我們就要學會改變自己的心態，既然前路困難重重，那我們就另闢蹊徑，每條路都有著獨特的風景。

生活中，總會有討厭你的人，你的優秀會成為他們忌妒你的根源，想方設法拉你下馬；你的失敗會成為他們嘲笑你的依據，無時無刻地刷存在感。評論是他人應有的權利，也許你生氣的樣子，反而使他們嘲笑得更加肆無忌憚。因此，不

必太過在意他人對自己的看法，努力做好手中的每件事，才是生活的重心，至於其他的事情，與自己又有什麼關係呢？何必讓他人的風言風語把自己變得鬱鬱寡歡。知恥而後勇，動怒且向上，才是真正的強者。

當我們被他人激起怒火的時候，保持一個良好的心態是最佳選擇。與其和負面情緒糾纏不休，不如想開一點，將自己的精力放在努力提升自己上面，讓自己變得更加優秀，優秀到那些冷眼相待的人再也無法影響你的情緒。

孤獨讓你更深刻地認識自己

如今，孤獨已然成為生活的一種常態。真正的孤獨，不僅只是失去與外界的溝通，更是心理上的自我封閉。孤獨的產生往往伴隨著沮喪、懊惱等情緒，為了避免暴露內心的脆弱，大多數人會選擇掩飾這些情緒，從而使內心更加封閉。

心理學家認為，在現實生活中，當個體的某種社會需求得不到滿足，或對社會關係的渴求與現實所擁有的存在差距時，孤獨感就會產生。但是，我們需要知道的是，孤獨是一種主觀感受，而不是客觀狀態，就像有的人身處鬧市仍會感到孤獨，而有的人長時間獨處絲毫不感到孤獨。

從心理學角度分析，孤獨的產生源自一種趨於逃避的脆弱心理。以常見的孤獨感產生條件來舉例，當一個人獨處或處於陌生的環境中時，由於對存在不確定性的未知事物出現的本能恐懼，同時喪失依賴他人的條件，從而更容易產生無力感和恐慌感。

自我意識強烈也是造成孤獨的一大因素。在人際交往過程中，有些人過於看重他人對自己的評價，為了避免因表達內心的真實想法而給對方留下不好的印象，從而拒絕與他人深入交流。在這個過程中，他們不願表露自己的想法，卻渴望與他人產生交流，同時希望對方能夠理解自己，在這種矛盾心理的作用下，孤獨感就會產生。

為了消除這種矛盾的心理，孤獨的人往往希望對方能夠給予自己苛刻的評價，從而使社交無益的想法更加心安理得。在他們眼中，走親訪友和集體活動是一件浪費時間且毫無意義的事情，他們更願意活在自己的世界中。也許是因為自身的能力不能達到期望，為了證明自己或逃避現實，他們會將自己與外界隔絕，不敢面對真實的人際關係。

其實，孤獨並不完全是一件壞事。一個人只有在獨自一人的時候，才可能靜下心來觀察自己。如果我們能夠從無謂的社交中脫身，充分利用孤獨來認識自己、豐富自己的內心，這種孤獨反而會讓我們更加成熟。就像《誰的青春不迷茫》一書所寫：「你覺得孤獨就對了，那是讓你認識自己的機會；你覺得不被理解就對了，那是讓你認清朋友的機會；你覺得黑暗就對了，那是發現光芒的機會；你覺得無助就對了，那樣你才知道誰是你的貴人……」

英國的科學家牛頓是現代力學的奠基人，萬有引力的發現者，與萊布尼茲同步發明了微積分。但他一輩子幾乎沒有親近女色，孤獨地走完了偉大的一生。

寫出了《純粹理性批判》的德國哲學家康得，一輩子都沒有走出過哥尼斯堡。他的生活幾十年如一日，按部就班，沒有妻子兒女，直到生命之花凋零。

安徒生一輩子煢煢孑立，留下了《海的女兒》、《賣火柴的小女孩》、《皇帝的新衣》等一系列美好童話，卻把孤獨留給了自己。

哲學家叔本華繼承了父親的財產，使他一生過著富裕的生活，但他在肺炎惡化死後，將所有財產捐獻給了慈善事業。叔本華在生命最後的十年終於得到了聲望，但仍然過著孤獨的日子，陪伴他的是一條名字意為「世界靈魂」的卷毛狗。

孤獨是我們每個人都必須經歷的一種歷程，也是我們從群居動物走向個人覺醒的必經之路。就像《百年孤獨》中所講：「生命從來不曾離開過孤獨而獨立存在，無論是我們出生，我們成長，我們相愛還是我們成功失敗，直到最後的最後，孤獨猶如影子存在於生命一隅。」

當我們看透孤獨的真相後，才能真正瞭解獨處的意義。人生的路上，步履匆匆，你很可能已經忘記自己最初的模樣，**當你懂得享受孤獨時，你才能跟自己的心靈對話，讀懂自己的內心，認清自己，才能找到那個最真實的自己**。

學會享受孤獨，你才會擁有更深的思想意識，比平常人更加深刻地看待所面臨的問題。因為，孤獨給了你去思考那些問題的時間，而不是迷失在人間的喧囂中，隨波逐流，虛度年華。我們要知道，很多事情是並不值得自己去浪費時間的，人生都太短暫，去瘋去愛去孤單一場，做一個真實而簡單的自己。

其實，孤獨並不可怕，可怕的是懼怕孤獨。如果你認為孤獨很可怕，那說明你還沒有真正理解孤獨，而是處於不斷地自我懷疑、自我封閉的狀態之中。

當我們感受到孤獨的時候，應該將孤獨當作一種享受、一種成長、一種靈魂的昇華。沒有人可以陪我們一輩子，所以我們要學會一個人走；沒有人會一直讓我們依靠，所以我們要一直努力。

只有甘願承受孤獨的人，才會衝破自己思想禁錮的牢籠，舞出不同凡響的人生，真正愛上孤獨的人，才是最懂生活的人。

悲傷是促進深沉思考的反應

悲傷往往源自生活中的「失去」。失戀、親人逝世等遭遇都會令我們感到悲傷，這種情緒總是伴隨著各種令人難過的事情，所以，大多數人往往對這種情緒抱有輕視或貶低的態度。

而事實上，悲傷情緒並沒有我們想像中那麼不堪。一位作家曾這樣評價悲傷的正面意義：「**悲傷是一種促進深沉思考的反應，能更好地從失去中取得智慧，從而更珍惜目前所擁有的。**」

悲傷意味著失去，但正因如此，才能夠幫助人們看清自己的內心。就像失戀帶來的悲傷，能夠讓我們更加理性地分析戀愛中自身存在的問題；分離帶來的悲傷，能夠讓我們強化關於過往美好時光的記憶；死亡的悲傷，能夠讓我們更加珍惜當下和親人相處的機會。

電影《大話西遊》中，至尊寶在面對紫霞仙子時，流著淚說道：「曾經有一份真誠的愛情放在我面前，我沒有珍惜，等我失去的時候我才後悔莫及，人世間最痛苦的事莫過於此。如果上天能夠給我一個再來一次的機會，我會對那個女孩子說三個字：我愛你。如果非要在這份愛上加上一個期限，我希望是……一萬年。」在悲傷中，至尊寶懂得了紫霞仙子的可貴之處，明白自己內心真正愛的人是誰。

悲傷的情緒一直被人們認為是一種負面的情緒。確實，強烈且持久的悲傷能夠引發各種難以治癒的心理問題，如抑鬱症等。但是，一些輕微、短暫的悲傷往往能夠給我們帶來一些意想不到的好處。

心理學家曾做過一項測試，關於快樂情緒和悲傷情緒對人們思維的影響。他要求處於快樂情緒中的測試者和處於悲傷情緒中的測試者回答同一類問題。結果顯示，快樂的情緒導致前者的大腦太過興奮，以至於無法給出正確的答案，而後者能夠更冷靜地反覆思考，給出有較強邏輯性的答案。

當一個人在感到悲傷時，會更加關注外部世界的資訊。心理學將這種思維稱為「適應性」思維。這種思維能夠讓人的思維方式變得更具體、更系統、更可靠。這也就是為什麼人們在情緒低落的時候，不會過於依賴簡單的刻板印象，減少個體被無關、虛假的誤導性資訊帶來的干擾，能夠更準確地察覺到事件中是否具有欺騙性，然後做出更加精準的決定。

心理學家喬・福加斯認為：「在很多時候，悲傷能夠促進最適合處理費心狀況的資訊處理策略。」為此，他做了一項實驗：喬・福加斯來到了澳大利亞悉尼郊區的一家小文具店，然後在收銀台旁邊放了一些小玩具，如玩具士兵、小玩具車。在實驗的過程中，福加斯會要求購物者結完賬出門的時候盡可能地回憶剛才在收銀台上看到的小玩具，以此來測試他們的記憶。

為了研究不同情緒對於人們記憶的影響，福加斯選擇了陰雨天和晴天來分別測試。並且，在陰雨天的時候，他會播放威爾第的《安魂曲》來加強氣氛，在晴天的時候則會播放吉伯特與沙利文的歡快樂曲。

最後得出的結果發現，陰雨天能讓購物者心情悲傷，但是他們所能夠記住的小玩具的數量是懷有正常情緒人的四倍。

相較於愉快的記憶，人們對痛苦的記憶的印象更加深刻。因為在令人感到悲傷的事情中，當我們在經歷了痛苦之後，便會引發深刻的思考，然後讓我們的內在進行蛻變和昇華。

當人們長期處於快樂的環境中時，形成習慣，就會認為這是一件很平常的事情。但如果這個時候突然發生了一件傷心的事情，你就能夠明白快樂是多麼可貴。所以，**往往悲傷才能夠襯托出快樂的意義**。

不同的情緒，造成的結果也是不一樣的。當人們一直處於快樂安逸的環境中時，很容易產生懈怠和麻痹。但是，當人們處於悲觀的環境中時，悲傷的情緒可以促使你想盡辦法去改變。而且，人們在悲傷的時候能夠更大程度上激發自己的潛力。所以，比爾·蓋茨常會對自己的員工說：「微軟離破產永遠只有十八個月。」在這種悲觀意識下，員工會更加有進取心，願意去關注細節，遇到問題也會尋找更多的解決辦法，不會盲目地輕信和武斷地做決定。

一項科學實驗也曾表明，適度的負面情緒通常是自發的，潛意識的「警報信號」能夠使我們的思維更為專注和細緻。簡單來說，負面情緒能夠在我們遭遇意外時，使我們的注意力更加集中，而快樂的情緒往往給人一種熟悉、安全的信號，導致我們的處理方式太過隨意。

悲傷情緒不僅是心理的正常反應，更能夠幫助我們更加理性地面對日常生活中的各種挑戰。就像電影《頭腦特工隊》中講述的一樣：悲傷並不是我們要擺脫的「豬隊友」，反而是關鍵時刻的「好幫手」。所以，我們不要去排斥悲觀情緒，而是應該學會去認識、瞭解它的正面意義，並且積極地接納、運用它，讓它幫助我們獲得更加美好的生活。

忌妒促使你不斷成長

忌妒是一種正常的情感體驗，指的是由於察覺他人所擁有的某種事物或成就，從而產生的一種不滿、怨恨的情感或心理狀態。忌妒常常出現在與他人的比較中，當一個人意識到別人擁有自己所期望卻尚未得到的東西時，會產生敵意或怨恨的感受，甚至認為他人的成功反襯了自己的失敗。

心理學家佛洛德認為，忌妒心理的產生，源自在個體的潛意識中出現了自己應該與相似的人取得類似成就的錯覺。一旦對方超越了自己，理想與現實不一致而導致的心理落差就會格外明顯，於是，不滿和怨恨的情緒就此產生。如果對方的能力不如我們，甚至經常向我們尋求幫助，一旦對方取得一定成就，我們的忌妒感會更為強烈。這種因主觀的不公平感而產生的忌妒會讓我們完全忽略對方不為人知的努力和付出。

忌妒之所以令人感到痛苦，是因為個體在相互比較的過程中被怨恨和敵意佔據了大部分情緒。當出現忌妒的心理時，你會通過打擊對方令自己顯得更為成功，這時，你的認知能力就只能幫助你收集更多關於對方的負面資訊，以幫助你打壓對方。但這樣的忌妒會讓人迷失方向，最終墜入深淵。

有一隻老鷹忌妒另一隻比牠飛得更高的老鷹，於是，牠找到一個獵人，希望他能夠將那隻老鷹射下來。獵人答應了牠的請求，但是需要牠給自己一根羽毛用來製作箭。忌妒的老鷹立刻從自己的身上拔下了一根羽毛，交給了獵人。

但是，天空上的那隻老鷹飛得太高，獵人的箭只飛到一半就掉下來了。他再次向忌妒的老鷹討要羽毛，老鷹為了發洩內心的怨恨，就又拔下了一根羽毛。但是，獵人還是沒能射下那隻老鷹。

一次又一次的失敗，忌妒的老鷹身上再也沒有羽毛可以拔了，也再也飛不起來了。於是，獵人將牠抓住，對它說：「算了，既然你已經飛不起來了，那我就抓你好了。」

但是，忌妒情緒並非是完全負面的。心理學家通過對忌妒進行深入研究後發現，忌妒對自我成長有著重要的促進作用。

從心理學角度分析，忌妒是人類與生俱來的一種傾向和能力。在長期的生存發展過程中，人類需要通過獲得足夠的資源來維持生存和繁衍後代，而資源的獲取便涉及了競爭，人類需要通過觀察競爭對手的表現，來判斷自己獲取資源的概率。因此，這種與他人比較的心理在長期的進化中被保留了下來。

忌妒他人，證明了自己對變得優秀的渴望。因為，沒有人會去忌妒一個各個方面都不如自己的人。所以，我們需要調整自己的忌妒心理，將注意力轉移到自身能力的提升上，就如英國哲學家羅素所說：「**在難免產生妒忌的地方，必須用它去刺激自己的努力，而不阻撓對方的努力。**」

古雅典有一位雄辯家，叫德摩斯梯尼。童年時，他非常羨慕和忌妒站在演講台上滔滔不絕演講的雄辯家。於是，他便立志成為一名雄辯家，可是他從小就有口吃的毛病，但他沒有因為自身的缺陷而自暴自棄，因理想與現實間的差距而妄自菲薄，而是相信自己一定能成功。

他為了使自己的聲音變得洪亮，每天早晨對著大海大聲朗讀；為了糾正自己的口吃，每天含著小石子說話；為了增加肺活量，他堅持每天爬山。經過不懈努力，他終於成了一位赫赫有名的雄辯家。

想要合理利用自己的忌妒心理，我們首先要清楚自己忌妒的究竟是什麼。如果你忌妒別人天生的優勢，比如出身、身高等，無異於庸人自擾，與其感到羞恥並加以掩飾，不妨坦然面對，接受自己無法改變的不可控因素。如果你忌妒別人後天的成就，就需要以對方為目標，將忌妒轉化為動力，努力超越別人。

而將忌妒轉化為動力的前提，就是需要承認自己的忌妒心理。很多人不願承認自己忌妒他人，是因為在他們眼中，承認忌妒就意味著承認自己的脆弱，但是這只是一種正常的心理反應。所以，當你因他人取得某項成就而心生怨恨時，你就需要意識到自己只是產生了忌妒心理，並接受忌妒所帶來的負面情緒。

與其將自身精力浪費在詛咒別人「爬得越高，摔得越慘」，不如將注意力轉移到自身所擁有的天賦和資源上。你會忌妒，是因為你察覺到了自己與對方在能力或其他方面存在差距，而不斷地努力提升自己才能縮小你們之間的差距。

忌妒就像一匹野馬，如果你對它放任不管，終有一天你會被它掀翻倒地，摔得頭破血流。如果你學會了如何駕馭它，就會快馬加鞭地到達成功的目的地。

自卑讓你努力超越自我

自卑，指的是由於低估自己而產生的情緒體驗，其本質源於對自己的不接納。每個人都存在自卑的心理，只是程度不同而已。當自卑感達到某一程度時，會影響一個人的自我認知，對自身的能力出現不恰當的評價，即使有足夠的能力去完成某項工作，卻會因為否定自己而導致失敗。

自卑感的產生原因，大致分為兩種：內在因素和外在因素。

從心理學角度來看，自卑是個體通過在心理和行為層面與他人對比而形成的產物。這種對比在本質上都屬於主動比較，因為無論是內在因素，還是外在因素，只要你的內心拒絕這種比較，就無法產生自卑的情緒。

心理學家阿德勒認為，自卑是由個體天生的「缺陷」造成的。這種「缺陷」不僅指的是生理上的殘疾或弱小，還包括主觀幻想中存在的缺點，如學歷、能力等諸多方面，這是導致自卑感的內在因素。當我們主動將這些「缺陷」與他人作比較時，就容易產生自卑感。

而外在因素指的是個體所處的環境。如果一個人在童年時代經常被強迫與「鄰居家的孩子」作比較，久而久之，這種各方面都不如人的觀點就會固著於心，形成自卑。而且，這種自卑感在很大程度上不會因年齡的增長而削減。

自卑的心理往往會給我們的生活帶來不良的影響。最常見的例子就是：一個農村的學生以優異的成績考上了一所大學。在與同學相處的過程中，出身和家庭一直是他最忌諱的問題。他總是認為，在大城市生活的人都會認為農村人沒有見過世面，一旦表明自己來自農村，很可能會遭到同學們的嘲笑。而這種自卑心理長期籠罩在他的心頭，以至於在公共場合，他總是選擇獨自一人待在角落裡，拒絕和同學來往。

在現實生活中，大多數人都對自卑存在偏見，認為它是一種糟糕的負面情緒，是一種脆弱的表現。但是，阿德勒認為：「**我們每個人都有不同程度的自卑感，因為我們都想讓自己更優秀，讓自己過更好的生活。**」自卑是每個人正常的情緒，也正是這種情緒，才能促使一個人不斷地超越自我。

電影《風雨哈佛路》講述了這樣一個故事：

主人公麗斯出生在美國的貧民窟，對她來說父愛和母愛是極其奢侈的。母親長期吸毒酗酒，導致雙目失明並患上嚴重的精神分裂症，在她十五歲時就撒手人寰，而父親長期躲在收容所裡。於是，麗斯在乞討和流浪中度過了自己的童年。

然而，隨著慢慢長大，她意識到只有讀書才能改變自己的命運。在她真摯的懇求下，高中校長同意了她入校學習的請求。她用了兩年的時間讀完了四年的課程，並爭取到《紐約時報》的獎學金，從而順利地進入了哈佛大學。

是的，年幼時破碎的家庭導致麗斯的生活格外貧窮，不合身的衣服，散發異味的身體，亂糟糟的頭髮。這讓她的自卑感與生俱來，但當她無法忍受這種自卑感時，她懂得改變自己，那就是讓自己變得強大起來。

想要將自卑化為超越自我的動力，我們就要做到以下幾點。

1. 勇於面對自身的「缺陷」

我們要敢於面對自身先天的「缺陷」，敢於面對因後天努力程度不同所導致的與他人的差距。不要因為過去的失敗或懲罰，而產生聽任命運擺佈或放棄自己的行為。

2.正確地總結原因

自卑的人看不到自己的價值，是因為他們陷入了一種固定思維模式，認為自己一定比不上他人，自己無法做出改變，進而長期處於強烈的恥辱感中。我們需要告訴自己，自卑是每個人都會出現的情緒，即使成功人士也會存在某種程度的自卑感。

如果我們能夠認識到自卑只是源自內心與他人的對比，每個人都擁有自身的價值，我們就能夠從另一個角度去發掘超越自己的力量。

3.超越自己的信心

沒有人是天生的弱者，每個人都有改變和超越自己的力量。當我們內心的意識開始轉變時，我們要相信自己的能力，通過行動來完成從自卑到自信的蛻變。

總的來說，我們要正確地認識自卑。當你感到自卑，不意味著你的能力比別人差，而是你對自己有著更高、更美的期望。面對自卑，你要不斷地努力，精心雕琢自卑所造就的人生凹痕，讓它變得飽滿，讓自己變得自信。

恐懼讓你迅速做出反應避開危險

恐懼，指的是當我們面對現實或想像中的危險時，試圖擺脫卻無能為力，從而產生的一種緊張的情緒反應。心理學中將其解釋為一種生命本體的自我防衛意識，而且所有能夠讓個體產生不安情緒或逃避行為的事物，都會引發恐懼。就像黑暗、高空、幽閉、野獸等，這些能帶給人恐懼的事物都很有可能帶給人傷害，威脅到人的生命。

《三國演義》中，諸葛亮在第一次北伐中，因錯用馬謖而失去了戰略要地——街亭。司馬懿乘勝追擊，率領十五萬大軍趕到了蜀軍所駐紮的西城，卻見到諸葛亮端坐在城樓上，笑容可掬，正在焚香彈琴，身後站著兩個書童。城門口，只有十幾個百姓模樣的人在旁若無人地低頭灑掃。

司馬懿沉思片刻，下令後軍充作前軍撤退。司馬昭十分疑惑，問道：「是否城中沒有士兵，故意做成這個樣子？父親為什麼要退兵呢？」

司馬懿解釋說：「諸葛亮一生謹慎，不曾冒險。現城門大開，不見一兵一卒，裡面必有埋伏！一旦進去，必然中計。」於是，率軍撤退。

關於恐懼，大多數人會儘量迴避這種情緒，甚至將恐懼解讀為內心的脆弱，比如嘲笑恐高的人懦弱，嘲笑害怕某種小動物的人膽怯。但實際上，恐懼不僅是一種負面情緒，更是一種趨利避害的本能反應，能夠讓人避免危險帶來的傷害。

假設，我們划著船在大海上航行，而船身出現了一個洞。我們發現船艙開始進水，船身逐漸下沉，這時，我們就會擔心一旦船隻完全沉沒就會危及我們的生命。於是，我們就會感到恐懼，從而開始尋找周圍是否有人能夠為我們提供幫助，使用手機等通信工具聯繫海上的救援隊。如果，我們在危急關頭感受不到任何的恐懼，就會穩如泰山地坐在船上，看著船隻一點點下沉，直至生命走到危險的邊緣。

多倫多大學心理系的學者曾經做過一項研究。他們發現，當實驗者感到恐懼時，會出現眼睛睜大、鼻孔張大等行為。而這種行為能夠更好地察覺到周圍的危險信號，瞪大的眼睛開闊了人的視野，擴大的鼻孔增加了進入身體的氣流，從而使人通過視野和嗅覺等方面的強化獲得更多的資訊。

恐懼能夠幫助我們做好準備，規避可能的風險，達成自己的目的。有時候，適當的恐懼是處理事情的最佳狀態，因為當我們處於恐懼的狀態中時，會考慮更多的細節來保證成功，同時做好最壞的打算。為此，我們會做好充分的準備，以避免危險的事情發生，而這種行為往往會增加我們成功的機會。

更為重要的是，情緒帶來的行為反應，要比經過思考做出的反應要更加迅速。當一個孩子被燙傷之後，會對散發高溫的物體產生恐懼情緒，當其再一次遇到這種為自己帶來傷害的事物，他會憑藉恐懼情緒的本能反應，不經思考地選擇遠離這些事物。

但是，如果我們無法對恐懼有一個正確認知，使我們變得無緣無故害怕起某些事物時，就容易對外界的一切極為敏感，以至於演變成各種恐懼症，如廣場恐懼症、社交恐懼症、幽閉恐懼症等，而這種心理疾病往往使人陷入莫名恐懼中。

而這種情況的產生源自過度的想像。當我們處於某種特定情境中時，不受控制的恐懼心理就開始衍生出各種誇張的想像場景。一旦我們開始想像當下所要面對的艱難處境時，就會令我們走進恐懼的循環中。

比如當一個從未在公共場合發表過演講的人接到了上台演講的任務時，他能夠從這件事想像出各種各樣的畫面：自己站在講台上，台下的人紛紛嘲笑自己；或者站在講台上說不出一句話……

正因為如此，我們才會被恐懼控制，在面對稍有難度的事情時，腦海中總是出現一些很糟糕的畫面，使我們陷入恐懼的循環中。在我們過度想像的過程中，恐懼的情緒就會不斷無限放大，直到我們的內心出現更多的負面認知，甚至出現歪曲事實的情況。

過度的想像會讓我們陷入恐懼深淵，無法自拔。而這種感受會深深地留在心裡，在我們的大腦中留下深刻的印象。當我們再次遇到類似的情況時，這些記憶就會令我們產生恐懼的心理。就像古語所說的：「一朝被蛇咬，十年怕井繩。」

所以，我們要正確認識並理解恐懼，將它看作一種本能的心理反應。而且，適度的恐懼可以幫助我們正確應對來自外界的威脅和危險，讓我們及時做出反應，規避危險。

憤怒促使你保護自己

憤怒是生活中最常見的一種情緒。當你遭受社會的不公、認為自己的利益受損或者受到他人的不尊重和欺負，就會產生憤怒的情緒。這種情緒大多數只是為了宣洩內心的不滿，獲得自我安慰，並不能對現實中的情況產生實質性的幫助。

心理學家維蕾娜・卡斯特認為：「任何形式的發怒，都隱含著對環境和周圍世界的攻擊性。」外界所給予的令人難以接收的資訊，會令個體意識到自身的缺失，為了避免暴露內心的脆弱，否定自我價值，他們往往會辯解、爭執甚至和他人出現肢體衝突。而這種行為的本質，就是在為重新樹立自身價值而努力。

憤怒情緒會影響一個人的理性決策，導致出現攻擊行為，甚至引發對方的報復性攻擊，破壞正常的人際交往關係。這也就是為什麼人們將其視為一種負面情緒並敬而遠之。

《聊齋志異》中有這樣一個故事：

膠州的李總鎮有一個皮膚黝黑的奴僕。因為奴僕深得他的寵信，李總鎮便賞賜了他一個膚白貌美的女子做妻子。過了不久，妻子為他生下了一個白白胖胖的孩子，奴僕十分高興。但是，李總鎮的同僚和其他僕人經常和奴僕開玩笑，說他的孩子那麼那麼白，一定不是他親生的。奴僕越想越憤怒，於是回到家中殺死了自己的妻子和孩子。然而，他發現孩子的骨頭是黑色的，是自己冤枉了妻子，感到後悔不已。

由於憤怒導致的慘劇數不勝數，所以，當人們感到憤怒時會下意識壓制這種情緒，避免造成難以控制的場面。確實，憤怒情緒容易破壞人與人之間的關係，但懂得適當表達自己的憤怒是對自己的一種保護。就像心理學家湯瑪斯·摩爾在《靈魂的黑夜》中所說：「**當人們清楚明白地表達出憤怒的情感時，它就能為一個人和一種關係做出很大貢獻；但是當憤怒被遮掩隱藏起來時，它的影響則正好相反。**」

其實，憤怒是底線和原則的刻度。當一個人對你的侵犯或攻擊超出了你的承受能力時，憤怒就是一種信號，用來提醒你，此刻你需要保護自己。而你的憤怒就是對他人的警告，令對方知難而退，維護自己的利益。

從進化心理學角度分析，這恰恰能夠印證「憤怒是一種自我保護的反應」的觀點。在原始社會，一個人需要足夠的資源來維持生存，如果資源遭到掠奪很可能導致個體的死亡。為了避免這種情況發生，當資源遭到掠奪時，個體會通過表達憤怒達到警告的目的，同時，以盛怒下的武力威脅避免實際戰鬥可能帶來的傷害。在這個過程中，很可能有一方會妥協，而個體也就通過避免大量的衝突，實現了保護自己的目的。

有的人選擇壓抑憤怒的情緒，是因為在他們眼中憤怒無法解決實質性的問題。但是，當你的利益受到侵害時，你放棄表達憤怒就意味著你降低了自己的底線，放棄了保護自己的權利，而下一次的侵害來臨時，你依然會做出這樣的選擇。長此以往，你就會在人際交往中模糊了自己的原則和底線，成為一個能夠被他人隨意攻擊和侵犯的人。

憤怒之所以被看作一種負面情緒，在很大程度上源自錯誤的表達方式。一般來說，當一個人感到憤怒時會出現兩種結果：一種是據理力爭，發洩內心的憤怒，從而維護自身的尊嚴和利益。雖然這種方式能夠令對方獲知自己的原則和底線，但帶有強烈攻擊性的表達會引起對方的反感，從而破壞人際關係；另一種結果就是忍讓，降低自身的底線，壓抑內心的憤怒情緒。但這種情緒並不會消失，反而會積壓在心中，像房間裡的垃圾一樣，散發著惡臭。久而久之，它會因為某種外界刺激以一種不可理喻的方式發洩出去。所以，想要通過表達憤怒來保護自己，我們需要學會正確的表達方式。

1. 表達的針對性

憤怒的表達，一定要針對傷害你的人。只有選對對象，你才能真正保護自己，而且憤怒才會產生效果。如果你將自己的憤怒發洩到毫不相干的人身上，只會對他人造成額外的傷害，並不能起到保護自己的效果。

2. 表達的理智性

我們要知道，表達憤怒並不意味著否定彼此之間的關係。在表達憤怒之前，通過平復自身情緒來降低自身的攻擊性，以一種真誠的方式讓對方放下防備，促進對方進行換位思考，如「你一直很關心我」、「你是一個通情達理的人」等。

在關照對方感受的同時，拉近彼此之間的距離。

3. 表達的溫和性

我們表達憤怒，是否定對方在某一件事上的做法和態度，並不是對方整個人都令我們感到厭惡。如果在表達過程中將否定上升到個人，會令彼此之間的溝通失去重心，陷入無休止的互相攻擊中。

所以，我們要儘量表達自己的感受，讓對方意識到自己的行為令你感到傷心，將自己的情緒傳遞給對方，對方才能明白自己的越界已經對你造成了傷害。當我們感到憤怒時，不要壓制這種情緒，要學會合理地表達憤怒，讓憤怒表明自己的原則和底線，避免自己再次受到侵犯。

適度焦慮助你進入最佳狀態

焦慮，是指個體因達不到預期或不能克服障礙，導致自尊或自信受損或因失敗感、內疚感增加，所形成的一種緊張不安的情緒狀態。無論是即將登台演出，還是需要見重要客戶，有些工作內容總會讓我們產生焦慮感。

事實上，焦慮只是因為不能明確未來即將面對的場景而將自己陷入過度恐懼中。在大多數人眼中，焦慮是一種令人心神不寧的負面情緒，讓人備受煎熬。然而，心理學研究表明，適當的焦慮能夠幫助我們在工作時進入最佳狀態。如果一個工作場景中沒有一絲焦慮的氣息，員工反而會缺乏動力。

加拿大多倫多大學的科學家們對焦慮的誘因及表現做了深入的研究。他們發現，在工作場所導致的焦慮一般分為兩種：第一種屬於個人性格特徵。如果一個人時常出現焦慮的情緒，在工作場景中，相較於其他人，他更容易感到焦慮；另一種指的是某項特定的工作會引發焦慮。比如當一個人當眾演講或受到工作審查時，焦慮情緒會分散他們的注意力，從而導致工作成績欠佳。

但是，一個人面對焦慮的表現往往取決於他的焦慮程度。當一個人經常沉浸在對存在不確定性的未來的恐懼中時，就會影響自己正常的工作決策和進度，導致自己非常疲憊和倦怠。不過，適當的焦慮可以促進和推動表現，幫助我們集中注意力，督促我們的行動。

許筱明天有一個演講，這是她第一次上台。所以，演講的前幾天，許筱一直處在焦慮之中。為了避免自己在演講過程中出現失誤，她不斷推敲演講的內容和過程，對可能出現的不利情況做出預備方案。

等到演講結束之後，許筱開心地對朋友說道：「演講非常順利，雖然一開始的時候，我因為害怕說話的聲音比較小，但是聽眾們非常熱情，掌聲也非常激烈，慢慢地我就將緊張忘在腦後了，只想著要好好地將準備好的東西講出來。」

關於焦慮和工作效率的關係，心理學上有這樣一個結論：「當你不焦慮或焦慮程度很低的時候，工作效率也會低；當你焦慮程度很高的時候，工作效率同樣會低；但當你焦慮程度適中的時候，工作效率就會最高。」

這一現象能夠從生理學角度做出解釋，當一個人處於情緒穩定的狀態時，交感神經和副交感神經會相互制約，達到平衡的狀態。而當我們出現焦慮的情緒時，交感神經就會打破平衡，並處於主導地位。這時，交感神經會引發心搏加強和加速、新陳代謝加快、疲乏的肌肉工作能力增加等生理狀態，使人體的思考和行為反應更為迅速。

焦慮是人類在與環境、生存相適應的過程中發展起來的情緒，對於幫助我們面對具有挑戰性和危險性的活動具有積極的意義。只有當焦慮超過了一定的程度，才會表現出病理性。

而適度的焦慮具有警示作用，當我們意識到外界的環境與自己熟悉的環境出現偏差時，我們會選擇搜尋環境中的良性因子，然後根據這些良性因子去調整自己固有的行為模式。因此，適度的焦慮使我們更敏銳地察覺外界環境的變化，並做出積極的改變。

索倫・克爾凱戈爾曾說過：「**誰學會使自己正確恰當地焦慮，誰就學會了至高無上的本領**。」所以，面對焦慮情緒，我們不要習慣性地拒絕和逃避，拒絕和逃避只會讓內心的衝突和不安更加強烈。

其實，焦慮並不可怕，如果我們能夠學會接納焦慮，而不是將大量的精力花費在消除焦慮上，就會發現自己其實並沒有想像中那麼害怕。而且，如果我們能夠保持適度的焦慮，會有助於我們進入最佳的工作狀態。

愧疚感讓你從錯誤中吸取教訓

愧疚感是人特有的一種情感，源自遭遇失敗或傷害他人而產生的懊悔、自責的心理。愧疚的程度取決於失敗或錯誤帶來的影響以及對他人的傷害程度。同時，愧疚是一種非常重要的自我意識情緒，它能夠幫助人們對自己的過錯進行反省，意識到自己的錯誤，並從中吸取教訓，做出彌補性行為。

愧疚感的產生，對孩子的身心健康起著必不可少的作用。心理學家研究發現，一味地排斥、逃避愧疚感的產生，會阻礙一個人良好道德品質的形成以及責任心的發展。當一個孩子搶奪他人的玩具時，如果愧疚感無法產生影響，他就不會意識到自己的錯誤，從而變得變本加厲。

古語云：「人非聖賢，孰能無過？」做錯事並不可怕，可怕的是因為自己的失誤而陷入不斷的愧疚與自責之中。如果我們長期處於一種愧疚的狀態，就很容易產生焦慮、不安、恐慌等負面情緒。如果在這些負面情緒中沉淪，不但會讓你失去鬥志，還會引發眾多身體健康問題。

沒有人能夠不犯錯誤，適當且合理的自責，能夠讓人看到自身的不足，做出積極的改變，並且能夠讓人更富有責任感。但是，如果超過了某個限度，甚至完全因為自己造成的負面影響而自責，就會讓人完全忽視自身的優點，盲目自卑，對生活失去信心。

有一個心理醫生接診了一個病人。

醫生為病人制定了三個療程，並且告訴病人，三個療程之後，他一定會康復。然而，在進行治療的過程中，病人並沒有根據醫生的建議去做自主治療。結果，病人的症狀並沒有緩解，甚至還開始出現了幻覺，連安眠藥也不能夠幫助他入睡了。

心理醫生陷入了痛苦之中，並且開始不斷地自我懷疑，他想：「這都是我的錯，因為我太沒用，才會讓他自主治療不積極，我的責任是讓他好轉啊。」

過分的愧疚感，會讓你主動承擔並不屬於自己的失誤，並在畸形責任感的迫使下使自己壓力驟增。然而，這只會令你的生活變得更加沉重，讓你不堪重負。

在工作和生活中，失敗和犯錯是難以避免的，只有善於從失敗和錯誤中吸取教訓的人，才會讓自己變得更加成熟。而愧疚感恰恰能夠促使我們避免再次遭遇失敗。

適度的愧疚感會使人產生焦慮、不安等情緒，正因為這些負面情緒，在今後的工作和生活中，我們為避免因錯誤行為帶來的不良體驗，會更加注意自己的言行，從錯誤中吸取教訓。心理學研究表明，愧疚感帶來的痛苦體驗，會使我們在做出某種行為時，進行自我評估，有效地抑制衝動或錯誤行為的產生。

迪肯斯經常在附近的一家公園散步，他非常喜歡公園中的花草樹木。當他見到那些樹木被不必要的大火燒毀時會感到十分傷心，因為公園中發生的火災更多時候是由於在公園野餐，享受野外生活的遊人導致的。

有一次，迪肯斯在公園中騎馬時見到了一群在公園中烤熱狗的人。他感到十分憤怒，明明公園的告示牌上寫著「任何人在公園內生火將受到處罰或拘留」，然而，這些人置若罔聞。他走到那群人面前，警告他們如果在公園內生火，很可能會被關進監獄，並以命令的口吻讓對方將火撲滅，如果對方不聽從自己的話，他就會報警。

那群人雖然在迪肯斯的威脅之下撲滅了火，但對這種高高在上的人充滿了怨恨。等迪肯斯離開之後，作為報復，他們又繼續生火野餐，並極度渴望燃起大火。最終，不知是對方的刻意為之，還是疏忽，公園內再次發生了火災。迪肯斯認為是自己的所作所為，觸怒了那些人，感到十分愧疚。於是，當他再次遇到在公園中野餐的人，他改變了自己的警告方式。

他說：「朋友們，你們玩得開心嗎？我以前也很喜歡烤一些東西吃，但是，你們應該知道，在公園中生火是一件非常危險的事，很可能因為沒有將火完全熄滅而導致火災。當然，你們看起來並不是會疏忽大意的人，但是，很可能因為有人見到了你們生火，也來到這裡野餐，我可不敢保證他們也能夠像你們這幾位一樣謹慎。所以，我建議你們到山丘的另一頭野餐，那裡的風景也很不錯，而且在沙坑中生火並不會造成任何損害。你們覺得呢？祝你們玩得愉快。」

我們感到愧疚，說明我們具有一定的自我反省能力，能夠對自己的想法和行為加以約束。**適度的愧疚感是心靈的「報警器」，會提醒我們照顧他人的感受，**

有利於我們更好地處理人際關係。如果我們能夠管理好自己的愧疚情緒，就能夠不斷地在錯誤中吸取教訓，不斷完善自己的言行，使自己變得更加強大。

第八章　反脆弱：提高自我效能感

成功的體驗越多，自我效能感越高

心理學中，有一個名為「自我效能感」的術語，它指的是個體對自己是否有能力完成某一行為所進行的推測和判斷。而心理學家班杜拉將它解釋為「人們對完成某項目標的自信程度」。它反映了個體對自己是否有能力應對外界挑戰的信念，「自我效能感」越高，人們對成功的渴望與追求就會越強烈。

二〇一八年，世界電子競技大賽上，ＩＧ戰隊在剛剛躋身世界賽之後，又遭遇了當時如日中天的電競豪門——ＫＴ戰隊。在鏖戰五局之後，ＩＧ戰隊險勝

ＫＴ，將其斬落馬下，隨後一路高歌猛進勢如破竹，最終取得了世界賽的冠軍。比賽結束之後，有人評論說：「沒有隊伍能夠打敗戰勝ＫＴ後的ＩＧ。」擊垮ＫＴ戰隊所帶來的強大自信，使ＩＧ戰隊在之後的比賽中不畏懼任何困難與挑戰。

在現實生活中，對於某一件事情，你能否相信自己的能力，能否對這件事的結果產生積極期望，對自信心的提高起著至關重要的作用。然而，大多數人都缺乏這種自信，甚至在事情開始之前，就在不斷質疑自己的能力。在面對失敗時，他們反而會鬆一口氣，將結果視為意料之中的事。而這就是自我效能低的表現，自我效能低的人往往無法對自己的能力做出正確的估量，從而心安理得地接受每一分失敗。

這種結果產生的原因，一般與以往的失敗經歷有關，尤其是在童年時期。一個人的成功取決於天賦、努力程度、時機等諸多因素，這就意味著並不是只要足夠努力就一定能夠獲得成功。然而，在很多人的認知中，努力沒有達到預想的結果就是自身的能力不足所導致，這種錯誤的認知就會影響到一個人對自我效能感的認識。

個人的成功體驗，是提升自我效能感最直接、有效的方法。比如，如果你曾經做過一次成功的演講，那麼當你再次站在講台上就一定會充滿信心。而一個人成功的體驗越多，自我效能感就越高，也就更加自信。

一九八四年，一位名不見經傳的日本選手山田本一取得了在東京舉辦的國際馬拉松邀請賽的冠軍。在面對記者採訪時，他給出了自己獲得冠軍的秘訣：「憑智慧戰勝對手」。

很多人都認為，這個矮個子獲得冠軍純屬僥倖，還大言不慚說什麼「憑智慧戰勝對手」。在他們眼中，馬拉松是一項依靠體力和耐心的運動，只有良好的身體素質和耐力才有機會奪得冠軍。

然而，兩年後，在義大利舉辦的國際馬拉松邀請賽上，山田本一又一次獲得了冠軍。記者採訪問道：「上一次你在日本獲得了世界冠軍，這一次又壓倒了所有對手，取得了第一名，你能講一下自己的經驗嗎？」山田本一依然用「智慧」來解釋自己的成功。

十年之後，山田本一在自傳中講述了自己跑馬拉松的智慧：「在每一場比賽開始之前，我都會將比賽的路線仔細地分析一遍，然後將路途中具有明顯標誌性的事物記錄下來，像銀行、樹木、房子等，一直到比賽的終點。比賽開始之後，我會向著自己規劃的第一個目標衝去，然後衝向第二個目標。四十多公里的賽程，被我分解成了很多小目標。最開始的時候，我並不明白這種方式的意義，所以經常將自己的目標定在四十公里之外的終點上，然而，我跑到十幾公里的時候，面對前面那段遙遠的路程，會有一種無力感。當我一步一步完成著每一個小目標時，就是在收穫成功與希望。」

所以，像山田本一一樣，不斷為自己設立比較容易完成的目標，能夠在不斷的成功中提升自己的自我效能感，從而使自己變得更加自信。除此之外，我們還可以通過積累代替性經驗，來達到提升自我效能感的目的。比如當我們見到與自己能力和條件相似的人取得成功之後，會增加自己實現相同目標的信心，不斷暗示自己「他能做到的事情，我也一定能夠完成」。但是，我們要注意，一旦對方遭受失敗，很可能降低我們的自我效能感。所以，對於代替性經驗一定要慎重選擇。

哲學家詹姆士曾說：「人類本質中最殷切的要求是渴望被肯定。」他人的認可與讚美以及自我肯定，在一定程度上也能夠提升我們的自我效能感。但是，缺乏事實基礎的評價並不能產生這種效果。所以，我們還要善於發現自己的優勢與進步，通過在自己擅長領域所取得的成就來激勵自己，在不斷地自我比較中感受到自己的進步。這種小小的改變就是自信心的源泉。

自我效能感高的人，在日常的工作和生活中會充滿信心和決心，從而在面對某些困難時能夠更好地發揮自身的潛能而取得成功。而自我效能感低的人，往往會出現消極心理和無力感，所以，通過不斷積累成功的體驗，提升自我效能感是一件非常具有現實意義的事情。

正確歸因，失敗的原因不只是能力不足造成的

當我們在面對失敗時，有些人會將失敗的原因歸結為他人未能提供有效的幫助、領導者不合理的指揮、資源條件的缺失等因素，但也有人認為是由於自身能

力不足或疏忽大意等因素導致了失敗。這種為自己的成功或失敗尋求解釋的過程就是歸因。

歸因方式可分為兩種：內部歸因和外部歸因。外部歸因指的是，將成功和失敗的原因歸結為環境、運氣等外界因素，這些外界的不可控因素令你無能為力，你就不需要承擔責任。最常見的例子就是將遲到的原因推脫給惡劣的天氣。內部歸因則表現為在遭受失敗時，會率先反省自己，將失敗的原因歸結到自己身上。然而，任何事情的結局都有其必然性，導致成功和失敗的因素往往並不局限於某一方面。

比如一個男孩向一個女孩表白被拒，他就習慣性認為自己不夠優秀、不夠努力，自己的能力未能達到對方的擇偶標準，從而深陷沮喪或焦慮的情緒中，甚至出現自暴自棄的行為。但事實上，有時候根本就不是自己的能力或努力程度不夠的原因，很可能只是因為對方希望交一個比自己年齡大的男朋友，而這些因素是你無論如何努力都無法改變的。

再比如一個女孩因為今天男朋友的態度比較冷漠，開始擔心是不是自己做錯了什麼，是不是對方不愛自己了，從而感到不安或自責。可是，對方也許只是因為在工作上被老闆批評或自己喜歡的球隊輸掉了比賽，因而感到鬱悶而已。而一旦因這種錯誤的歸因方式去上綱上線，反而會在彼此的爭執中損害雙方的感情。

歸因只是個體的一種主觀解釋，並不能將其視為影響成功或失敗的主要因素。然而，恰恰是這種帶有主觀色彩的自我認知，往往要比真正的原因更能影響一個人的行為和心態。

有這樣一對兄弟，一個十分樂觀，另一個十分悲觀。有一次，父母將樂觀的孩子放在了堆滿馬糞的棚子裡，將悲觀的孩子放在了有很多漂亮玩具的屋子裡。悲觀的孩子認為父母不願陪伴自己，所以將自己一個人關在屋子裡，於是，傷心地哭了起來；然而，樂觀的孩子興奮地認為父母是想讓自己看到小馬，心中充滿了期待，並不斷清理散落在門口的馬糞。這種不同心態的表現，在很大程度上來源於習慣性的歸因方式。

總的來說，人是有主觀能動性的，能夠對客觀環境和主體因素進行分析，對自己行為失敗的結果進行歸因。然而，一旦將不可控制的消極事件或失敗結果歸因於自身的智力、能力的時候，心理便會出現一種無助和抑鬱的狀態。當這種狀態不斷累積，個體對自己的評價也會降低，而且很容易徹底陷入絕望的情緒中，做任何事情都會沒有動力，無助感也由此產生。

如果你做一件事情失敗了，然後認為自己沒有完成這件事情的能力，就會形成悲觀的認知模式。但是，可能你再努力一次就能獲得成功，卻因為之前的失敗而選擇了放棄。長此以往，你就會形成「習得性無助」。這就像魯迅先生筆下所描寫的「孔乙己」，明明可以通過自己的努力改變命運，卻最終隨波逐流，最後落得悲慘的下場。

所以，我們需要客觀地看待每一次失敗，正確地歸因。就像泰戈爾所說：「讓我不要祈求免遭災難，只讓我能大膽面對它們。讓我不要祈求痛苦的平息，只願賜予我征服它們的勇氣。」

羅斯是一名飛行員，一次飛機失事中他受了重傷，全身百分之六十五的皮膚都燒壞了。手術之後，羅斯發現自己無法拿起叉子，更無法一個人上廁所。但是，即使遭受了這樣的挫折，羅斯也沒有陷入絕望。

當最後一次手術做完之後，羅斯積極進行康復訓練，六個月之後，他又能開飛機了。後來為了生活，羅斯和兩個朋友合資開了一家公司，專門生產以木材為燃料的爐子，並且獲得了巨大的成功。功成名就時，羅斯再一次駕駛飛機時遭遇了意外。這一次，他的脊椎受到重創，粉碎性骨折，腰部以下永遠癱瘓了。這一次事故，幾乎讓羅斯絕望：「我始終搞不清楚，為什麼這些倒楣的事情總是發生在我的身上？」

但是最終，他還是挺了過來，並且在出院之後，說的第一句話就是：「我完全可以掌握自己的人生之船，我可以選擇把目前的狀況看成倒退，或是一個全新的起點。」

一個認為自己屢戰屢敗的人，總是能夠找到退縮的藉口；而一個激勵自己屢敗屢戰的人，往往總能找到前進的理由。如果將失敗全部歸結為內部原因，在很大程度上會打擊一個人的自信心，導致自己更加悲觀；而如果將其全部歸結為外部原因，很容易令人產生挫敗感和無力感，以致自暴自棄。所以，找到合理的歸因方式最為關鍵。

巴納姆效應：找到認識自己的魔鏡

生活中有一種很有趣的現象，當有人以一種帶有廣泛性和模糊性的形容詞來描述一個人時，他就會容易接受這些暗示，並將其與自己的特點對號入座。這種傾向在心理學上被稱為「巴納姆效應」。

這個效應以一位著名的雜技師肖曼．巴納姆的名字來命名，他曾在評價自己的表演時表示，自己之所以備受歡迎，就是因為在表演的節目中添加了每個人都喜歡的元素，所以，他的表演使得「每一分鐘都有人上當受騙」。

一九四八年，心理學家伯特倫．福勒通過實驗證明了這一效應。他對學生進行了一項人格測驗，並根據測驗的結果對學生的人格進行了全面的分析。他要求學生對測評結果與自身特質的契合度進行評分，在最高分為五分的標準下，學生給出的評分的平均值高達四點二六分。但是，事實上所有的人格分析結果都是一模一樣的，是星座與人格關係中描述的通用語句。

在心理學上，「巴納姆效應」的產生源自個體的「主觀驗證」。在我們的大腦中，「自我」擁有很大的占比，於是，在我們的潛意識中就會認為所有關於「我」的事物都是重要的。這就導致了一旦我們想要去相信一件事，我們總能搜集到各種支持自己的證據，哪怕是毫無聯繫的事情，我們都可以通過某種邏輯讓它符合自己內心的預想。也正因為如此，人們才會常常迷失自我，很容易將周圍的資訊暗示當成是完全正確而深信不疑。

愛因史丹小時候格外貪玩，他的父親為了啟發他，為他講述了一個故事：「有一次，我和鄰居傑克大叔一起去清掃一個大煙囪。當清掃工作完成之後，我們一起爬出來時，我發現傑克渾身上下都被煙囪裡的煙灰蹭黑了，我心想自己一定和他一樣，臉髒得像一個小丑。於是，我跑到小河邊清洗。然而，我的身上並沒有太多的煙灰，傑克見到我的模樣，以為自己和我一樣就放棄了清洗。結果，街上的人差點笑破了肚子，還以為你的傑克大叔是一個瘋子呢。」

愛因史丹聽完，忍不住和父親一起大笑起來。最後，父親對他鄭重其事地說：「其實，**別人誰也不能做你的鏡子，只有自己才是自己的鏡子，拿別人做鏡**

子，白癡或許會把自己照成天才。」

在生活中，我們經常會受到「巴納姆效應」的影響。就如同一句俗語「當局者迷，旁觀者清」，在認識自己的過程中，我們很難以局外人的身分來審視自己。當我們借助外部資訊認識自己時，就很容易接受來自他人的暗示，將他人的言行作為自己行動的參照，產生認知偏差，如從眾心理就是最典型的一個例子。

有些人盲目相信星座性格測試，認為分析結果將自己刻畫得細緻入微、準確至極，就是「巴納姆效應」在作祟。而事實上，曾經有研究人員將第二次世界大戰的發起者——希特勒的生日資料進行星座性格測試，居然得出了「非常喜歡小動物，富有愛心，熱愛和平」的結果。

所以，避免「巴納姆效應」，才能客觀地認識自己。那麼，我們該如何有效地避免「巴納姆效應」呢？

1. 學會面對自己

當從不裸睡的一個女人醒來後，發現自己一絲不掛時，她的第一反應是發出尖叫，並馬上用手捂住自己的眼睛。從心理學角度分析，這就是不願面對自己的表現，因為自身存在某種「缺陷」或自認為存在某種「缺陷」，便試圖用自己的方式將其掩蓋，自欺欺人。

所以，我們要學會從容地面對自己的一切，不要將自己的「缺陷」以某種方式進行掩飾，讓自己無法真正看清自己。

2.收集資訊以增強判斷力

每個人都不可能時刻具有明智和審慎的判斷力，而判斷力是建立在資訊基礎之上的決策能力。沒有足夠資訊的支援，就無法做出明智的判斷。如果想要培養自己的判斷力，我們首先要培養自己收集資訊的能力。

3.以人為鏡

古語云：「以人為鏡，可以明得失。」所以，通過與身邊的人進行比較能夠更好地認識自己。但是我們要注意的是，不要拿自己的劣勢與他人的長處作比較，也不要拿自己的優勢對比他人的不足。根據實際情況，選擇合適的比較對象，才能相對客觀地認識自己。

4.善於總結

在重大的成功或失敗中總結經驗和教訓，能夠幫助我們獲取自己個性、能力的資訊，從中發現自己的長處和不足。越是對我們影響巨大的事件越容易反映出自己的真實性格。

我們想要真正地看清自己，就要避開「巴納姆效應」，拒絕外界資訊的干擾，無論成功還是失敗，都要從客觀的角度來分析自己，只有這樣，才能找到那塊映出真正自己的鏡子。

尼采說：「**聰明的人只要能掌握自己，便什麼也不會失去。**」只有正確地認知自己，瞭解自己的優勢與短板，才能對自己的人生做出準確的判斷，避免心浮氣躁、好高騖遠，才能知曉自己的容量，擺正自己的位置。

適當降低自我要求，從而緩解焦慮

有些人之所以會感到焦慮，很大部分原因來自對工作或生活過高地評估。個人主觀的評估代表著一個人的個人判斷，受環境、經歷、情緒等諸多方面的影響，很可能因為設立的目標過高無法實現，從而導致自我懷疑。無論工作還是生活，努力做得更好無可厚非，但如果每件事都吹毛求疵就會嚴重影響個人的生活狀態，從而引發不必要的焦慮感。

自我要求過高也可以理解為追求完美。完美主義是一把雙刃劍，它能夠促進一個人的發展，但是，一旦這種完美過於偏執，就會成為一個人成長的阻礙，導致焦慮症產生。追求完美的人，對自己的主觀評估往往與現實的能力嚴重脫節，他們會將自己的潛力錯看成是自身的能力，就會為自己設立一個較高的目標。然而，他們憑藉當下的能力根本無法達到自己的預期，於是，在面對一次又一次的失敗時，他們會感到異常的焦慮。

瑞士蘇黎世大學臨床心理學的研究人員通過研究發現，完美主義者比非完美主義者會承受更多的壓力。研究人員邀請了五十位四十多歲的健康男性參與了心理和性格的調查問卷，調查他們為自己設立的標準和對犯錯的態度。

調查結果顯示，在這一人群中，有一半以上的人具有完美主義特徵，而這些人相較其他人會更加焦慮和疲憊。同時，研究人員為這些測試者進行一項壓力測試，結果顯示完美主義者的應激激素（**皮質醇**）水準要高於其他人，而這就意味著他們長期處於壓力之下。

心理學家薩拉・埃德爾曼在《改變你的想法》中表示，**一個對自己要求過高、追求完美的人不能放鬆下來去享受日常生活，因為，他們的時間往往都是在焦慮、擔憂等負面情緒中度過的**。她在對完美主義評價時說：「有時候，它實際上可能會適得其反，導致拖延和無所作為，因為人們仍然停留在一個特定的任務上，試圖完美地完成任務，而不會繼續下一個任務。」

而且，大量的心理學研究表明，完美主義心態所導致的焦慮和抑鬱，會嚴重影響人們的生活品質，以至於被作為抑鬱症狀的前兆，並成為造成抑鬱自殺的重要誘因。

阿拉斯戴爾・克雷爾是牛津大學的高才生，畢業之後成了著名的學者。他得到了無數人的尊敬和推崇，獲得了很多獎項。他曾親自編劇、導演、製片並推廣發行了一部名為《龍的心》的電視片，這部片子獲得了美國電視界的最高獎項——艾美獎。然而，他沒有出現在艾美獎的頒獎現場，因為在他四十八歲時，他撲向了一輛疾馳的火車，以自殺的方式結束了自己的一生。

他的妻子回憶說：「他曾經贏得過很多比艾美獎還要大的獎項，但始終沒有一個可以令他滿意的，他在做完一件事情後就必須開始另一個目標，以求得到完美的結果。」

雖然眾多榮譽加身，但克雷爾從來沒有認為自己已經足夠優秀，他看不到自己的成就，只能看到自己的不足。

有時候，適當降低自我要求，能夠讓我們更好地面對生活，在成功與失敗之間留出一個緩衝的空間，不至於被接二連三的失敗將自己的自信心徹底擊碎。而且，**我們要對自己的能力有一個清晰的認識，設定合理的目標，做力所能及的事情，每天進步一點點才是正確的選擇**。

亞伯拉罕・林肯是美國歷史上具有很大影響力的總統，但他的一生充滿了坎坷。廿二歲時，他失去了工作。廿三歲時，他決定投身政治，但沒有成功，而經商失敗又給了他當頭一棒。卅四歲時，他競選國會議員，名落孫山。卅九歲時，競選國會議員再次失敗。然而在五十一歲時，他成了美國第十六任總統。

林肯談起自己的經歷時說：「失敗讓人痛苦。」但是，他懂得失敗會帶給自己成功的經驗，他並沒有因一次又一次的失敗而自暴自棄，反而向著更好的方向繼續前進。就像《約翰・克利斯朵夫》中所寫：「英雄不是沒有脆弱的時候，只不過不被脆弱征服罷了。」

魯迅曾說：「人與人是不同的，有的專愛仰望黃陵，有的卻喜歡憑弔荒塚。」很多時候，我們不過是對自己的要求太高了，其實，你仔細打量這個世界，就會發現它並沒有想像中糟糕，適當降低一點對自己的要求，我們就可以更加輕鬆和滿足。夢想與現實之間一定會存在差距，如果我們只盯著夢想，終究會被兩者之間的落差打敗。所以，不如腳踏實地，做好眼前力所能及的每件事。

擁有被討厭的勇氣：原諒自己不合群

在現實生活中，有這樣一群人，他們總是太過在意他人的評價，在乎他人的感受。當拒絕別人的時候，擔心會影響彼此之間的關係；當與別人溝通時，總是謹慎地挑選話題，甚至在網上溝通的時候也會字斟句酌，害怕說錯話，給對方留下一個不好的印象。

我們之所以去選擇討好他人，就是因為內心缺乏自信，害怕失去。渴望他人的讚美與認可是人的天性，但由於脆弱的心理，如果我們沒有得到足夠的正面回饋，就會努力調整自己的言行取悅他人，最終在討好中迷失真實的自己。習慣性取悅他人和童年的遭遇有很大的關係，當一個孩子無法獲得父母的關注與疼愛，他就會強迫自己用懂事來換取父母的認可與表揚，用討好來博取父母的關注。

然而，心理學研究表明，具有取悅型人格的人在人際交往的過程中往往並沒有想像中受歡迎。因為在別人眼中，他們沒有自己的原則與底線。另外，他們總是將注意力集中在他人身上，習慣性令他人感到滿意，卻無法真正滿足自己的需求。一旦脆弱的內心受到傷害，需要花費很長的時間去治癒。

約伯斯曾說：「你的時間有限，所以不要為別人而活。不要被教條所限，不要活在別人的觀念裡。不要讓別人的意見左右自己內心的聲音。最重要的是，勇敢地去追隨自己的心靈和直覺，只有自己的心靈和直覺才知道你自己的真實想法，其他一切都是次要。」雖然被他人認可是構成人際關係的基石，然而，一旦過度追求這種「被認同」，就會讓真正的自我遍體鱗傷。

張愛玲遇見胡蘭成之後，百般討好卑微到塵埃中。但是，她的迎合討好並沒有換來胡蘭成的珍惜。胡蘭成對她而言是生命中不可或缺的一部分，但她對胡蘭成來說僅僅是一個過客。詩人席慕蓉曾在《獨白》中寫道：「在一回首間，才忽然發現，原來，我一生的種種努力，不過只為了周遭的人對我滿意而已。為了博得他人的稱許與微笑，我戰戰兢兢地將自己套入所有的模式所有的桎梏。走到途中才忽然發現，我只剩下一副模糊的面目，和一條不能回頭的路。」

我們要知道，當一個人卑微如塵埃時，他就失去了人生中最後一抹顏色，也親手將自己推向了無盡的深淵。很多時候，我們活得這麼用力，是為了變成他人所期待的樣子。但**真正的人生，是不被他人綁架自己的夢想，按照自己的意願走完全程。真正強大的人，從不在乎別人的眼光。所以，我們要懂得自己並不是為了滿足別人的期待而活著，要擁有被別人討厭的勇氣**。

心理學研究發現，敢於做自己的人的內心才最有力量。學會做自己，學會心理獨立才是一個人真正的成熟與強大。就像馬克・鮑爾萊因所說：「一個人成熟的標誌之一就是，明白每天發生在自己身上的百分之九十九的事情，對於別人而言根本毫無意義。」

英國著名作家狄更斯一直我行我素，不在意周圍人的眼光。他為積累生活資料，無論什麼樣的天氣，每天都堅持到街上去觀察行人，記錄下他們的一言一行。就這樣，他才能在《大衛・科波菲爾》中寫出精彩的人物對話描寫，在《雙城記》中留下逼真的社會背景描寫，從而成為英國的一代文豪。

對他人認同的極度追求，會將你變成他們喜歡的樣子。但真正的成長是愛與尊重，是成為真正的自己，你不需要任何人來界定你的好壞，也不需要任何人來評價你的應該和不應該。像莎士比亞說的「忠實於自己，追隨於自己，晝夜不捨」才是最好的選擇。

期待：激發潛能的「皮格馬利翁效應」

很多時候，一個人的自我期待在很大程度上會激發自身的潛能。這就是不斷暗示帶來的結果。消極的心理暗示，能夠讓人失敗。而不斷地進行積極的自我暗示，能夠讓你完成原本不可能完成的事情。

希臘神話中有這樣一個故事：賽普勒斯的國王名叫皮格馬利翁，他不喜歡凡間的女子，決定永不結婚。有一次，他靈感閃現，雕塑出一個十分完美的少女像。這個少女像非常美麗，國王皮格馬利翁認為自己愛上了這尊雕像。

於是，他請求愛與美神阿佛洛狄忒幫助他。阿佛洛狄忒被國王的真情感動了，決定賜予雕像生命。後來，少女雕像果然復活了，皮格馬利翁夢想成真，和這名少女成婚了。

這就是心理學中「皮格馬利翁效應」名字的由來。一九六八年，美國著名的心理學家羅森塔爾和雅各森通過實驗，驗證了這一效應。

他們在一所小學中為學生們做了一場智商測驗，但測驗結果並沒有被公開。之後，他們從這些被測驗者中選出了一部分人的名字，製成了一張「高智商學生」的名單，將其交給校方的老師，謊稱名單上的學生有更高的天賦。八個月之後，他們返回學校，再次對所有的學生進行了一次智商測試。他們發現，相較於其他學生，名單上「高智商學生」的測試結果有了明顯的提高。

「皮格馬利翁效應」指的是，人們對於事情發展的期望，將對事情發展的走向產生相應的導向性影響。簡而言之，就是你期望什麼，你就會得到什麼。很多事情，只要你充滿自信地期待，那麼事情就很有可能會順利進行。有的人在做一件事情之前，便會說「這太難了」、「我根本沒有辦法完成」之類的話，其實就是在對自我下暗示。在潛意識中，你就會認為這件事情你根本完不成，因此也不會拚盡全力去做。那麼，最後得到的結果自然就是失敗的。

與之相反，如果你遇到了一件困難的事情，便對自己說「嗨，沒有什麼困難的」、「這點兒小事，我完全能夠解決」……那麼，最後得到的結果，有很大可能能夠如你所願。

心理學家瑪律茲曾經說過：「我們的神經系統是很『蠢』的，你用肉眼看到一件喜悅的事，它會做出喜悅的反應；看到憂愁的事，它會做出憂愁的反應。」同樣的道理，如果你一直對自己進行積極的自我暗示，那麼你就能夠戰勝困難；如果你一直對自己進行消極的自我暗示，那麼你就會進行自我放棄。

有研究表明，暗示的力量是人們無法想像的。如果一個人對自己沒有了期待，那無異於是放棄了自己的人生。這樣的人，在生活中做什麼事都很難成功。當他們失敗了之後，就會認為自己果然是一個無能之人，從而形成惡性循環。

美國心理學家威廉斯曾說：「無論什麼見解、計畫、目的，只要以強烈的信念和期待進行多次反覆的思考，那它必然會置於潛意識中，成為積極行動的源泉。」曾經有一個拳王，每次被記者採訪的時候，總會說一句：「I'm best!」這就是一個積極的自我暗示，並且你期待著自己能夠變成最好，然後在這個自我暗示的激勵下，不斷地朝著這個目標前進。學會積極的暗示，在很多時候能夠激發內在的潛能，幫助人們完成不可能完成的事情。那麼，在生活中我們怎樣正確地去運用「皮格馬利翁效應」呢？

1.心中建立一個積極的期待

根據「皮格馬利翁效應」的定義來看，最後得到的結果，正是你所期待的。如果你的心中沒有積極的期待，那麼很難獲得積極正面的結果。而且，這個期待應該是合理的，可以完成的。如果你只是一個工薪階層，期待的下一階段的小目標是賺一個億，那就是不符合實際的空想了。

2.正確的自我認知

明確自己現在是什麼狀態，然後去合理地期待。很多時候，期待只是一個引子，接下來的付諸實踐才是關鍵。比如說，你距離目標還差多遠，你還需要做什麼等。只有對自我有了正確的認知，你才能夠做到胸中有數。如果只是一味地期待，沒有正確的認知，對付出沒有思想準備，結果很可能會形成巨大的落差。

3.積極地去行動

如果沒有行動，只是一味地空想，無論什麼樣的期待最後都會落空。在這個過程中人們可能會遇到困難，有一些人就會選擇放棄，其實只要堅持做下去，就能夠取得成功。同時，不要操之過急，規劃好進度，每天堅持完成。積少成多，一段時間之後，就會發現你離目標又接近了一大步。

總而言之，在生活中，我們要學會巧妙地運用積極暗示，同時也要注意，在暗示自己的時候，要儘量選擇比較簡單、能夠完成的目標，反覆進行，這樣才能夠起到最好的效果。

有的時候，我們真的需要自戀一點

提起「自戀」，大多數人都想到狂妄、薄情、自以為是等形容詞。在我們的生活中卻不乏這樣的人存在，他們愛上了幻想中的自己和世界，就像主持人梁文道說的一樣：「這是一個我們所有人都極度自戀、自我膨脹的世界，每天都在照鏡子，問魔鏡魔鏡告訴我，世界上誰最美。」

自戀在心理學上解釋為一種過度關注自我，對他人缺乏客觀認識的心理。這種病態的心理，使得個體在日常生活中總是以自我為中心，對外界資訊的關注度降低，從而導致他們在人際交往的過程中顯得脆弱且敏感。在他們的心目中，任何人都無法與之平等，而在一言一行中透露出的輕視與貶低，使他們幻想中的完美形象得以維持。

心理學家科胡特對自戀進行了新的拓展與詮釋，他認為自戀是一種憑藉勝任的經驗而產生的真正的自我價值感，是一種認為自己被值得珍惜、保護的真實感覺。我們可以理解為，一個人有點自戀是正常的，只有個體過度自戀，才會讓人們有所反感。

英國貝爾法斯特女王大學的心理學教授考斯塔斯曾做過一項調查，他們從三所義大利學校中選出了三百四十名學生。這些學生都是正常的自戀患者，但並沒有出現病態的自戀心理。調查結果顯示，那些表現謙恭、自戀的學生的成績反而更加優秀。因此，考斯塔克認為：「在某種意義上，適度的自戀反而可能成為一種優秀的品質，自戀的人往往對自我價值的充分實現要求較高，這也會激發他們的主動性和意志力，放在學習上，好勝心和自尊心也就應運而生，讓他們必須考出好成績才能給自己一個交代。」

因此，適度自戀能夠給人帶來提升自己的強大動力。日劇女王石原里美剛成為一名演員時，無論是大河劇，還是舞台劇，她都會無條件地接受公司安排的工作。這個時期的石原里美就像是公司的一個提線木偶，一舉一動都是別人安排。

然而，當她離開公司之後，她並沒有陷入因長期受困無法進行自我選擇的牢籠中，反而開始選擇妝容，選擇衣著，選擇朋友，甚至選擇工作，選擇生活方式，選擇一切，變成了一個為自己而活、事事自己做主的女人。這樣巨大的轉變，造就了她人生的逆襲與成功。而這就是因為她的自戀得到了充分釋放。

而從心理學角度分析，適度的自戀能夠幫助我們降低焦慮和抑鬱情緒。因為，正常的自戀者擁有更強的自尊心，並不會因自卑感而出現焦慮情緒。就像惠特伯恩所說：「如果人們不用去想尋求別人的認可，這無疑給生活解壓不少。」

第九章　療癒脆弱，重塑堅強人格

森田療法：任由哀傷順暢地流過內心

很多時候，我們之所以長時間沉浸在痛苦中，是因為內心的脆弱驅使我們逃避痛苦，並不斷強迫自己與某些負面情緒糾纏不休。隨著時間流逝，這些負面情緒不僅沒有停止對內心的侵蝕，反而在我們的關注中逐漸積累，變得越發強大。

加拿大魁北克的拉瓦爾大學曾做過一項實驗：一家醫藥公司準備將一種藥丸投放到市場去治療某種疾病。研究人員邀請兩組志願者參與實驗，並告知第一組志願者，實驗的結果並不重要，只不過是一場普通的測試；而另一組志願者收到了與之相反的資訊，他們被告知，這項實驗十分重要，關係著很多人的生命。

在實驗的過程中，第一組志願者輕鬆地完成了測試任務，而另一組志願者則花費了更多的時間來反覆檢查，焦慮和緊張的情緒隨著時間的增長越發嚴重，甚至開始擔心自己沒有能力做好這麼重要的事情。

現實生活中，很多人會像第二組志願者一樣，在面臨挫折和困難時一退再退，以至於引發負面情緒的洪流，使自己被吞噬進這些負面情緒中。

日本醫學教授森田正馬提出了一項名為「森田療法」的心理療癒方法，用於處理因內心脆弱而導致負面情緒不斷積壓的情況。這項療法對治療強迫症、社交恐懼症、抑鬱症等心理疾病有著很好的效果。

「森田療法」的基本治療原則是「順其自然，為所當為」。簡而言之，就是當我們產生負面情緒時，不要一味地糾結這些情緒，應該順其自然。當然，順其自然並不是說對這些負面情緒視而不見，而是在你陷入負面情緒中時，不要刻意逃避，更不要強迫自己過度在意這些情緒，應該主動接納自己的負面情緒。人生因酸甜苦辣的情感而豐富多彩，如果你過分關注那些負面情緒，很可能將一些原本微不足道的情緒放大到難以控制。

很多時候，情緒的出現和轉變並不能通過我們的力量加以控制，就像有時候我們會毫無理由地感到傷心難過，但想要從這種情緒中抽離出來是一件很困難的事情，即使我們臉上出現了笑容，也不過只是在強顏歡笑罷了。

這時，我們就要學會順其自然，讓這些情緒順暢地從內心流過，等情緒宣洩之後再理智地處理所面對的問題。當你學會接受自己的負面情緒的時候，就會發現，其實這都是很正常的。當你不再糾結的時候，負面情緒就會順其自然地來，也會順其自然地走。

一位演講恐懼症患者向心理醫生求助：「我剛剛晉升為公司的中層主管，每次主持會議的時候，自己的手都會忍不住顫抖，然後腦海中不斷出現各種各樣的擔憂：我這麼緊張，怎麼領導員工？怎麼在上級面前彙報工作？」

他表示這週末本來要陪著家人遊玩，但是突然接到通知，週一要做會議報告，出行計畫瞬間被打亂，內心恐懼到極點。

心理醫生建議說：「按照原計劃陪著家人出去玩，要盡興地玩，開心地玩。」

週一彙報時，願意恐懼就恐懼，願意暈倒就暈倒，能彙報成什麼樣算什麼樣，都隨它去。」看出了患者表情中的難以置信，醫生堅持讓他試試看。

按醫生指示，這名患者週末硬著頭皮出去玩，星期一早晨起來準備彙報，到下午彙報會結束，一切都很順利。他發現演講恐懼並沒有想像中那麼嚴重，也只是有點心跳加快，口乾舌燥，整個彙報還算順利，於是徹底克服了演講恐懼。

煩惱是生活構成的一部分，很多人會因為自己陷入情緒低谷而不斷地自責，每天戰戰兢兢，恐懼負面情緒突然襲來。然而，「森田療法」告訴我們，**負面情緒越是壓制就越難以消除，所以，接納是處理負面情緒最好的方法**。

當負面情緒如洪水決堤一般襲來，如果我們正面抵抗它，很多人難以承受驟然劇增的壓力，甚至會導致自己陷入負面情緒中而無法自拔。有時候，越是計較，情緒就越容易變得激烈，最終一發不可收拾。如果這時候，你選擇順其自然，不將自己的精力過多地放在情緒上，一段時間之後，你就會發現，那股難以承受的情緒在不知不覺中消失了。

人們存在一種劣根性，對越難以得到的東西，就越難以放棄。因為不甘心，所以時常會糾結其中。這個時候，如果還有機會，不妨順著自己的心意立馬去行動。當你那些不甘的心願被完成之後，那些負面情緒就會被心願完成的喜悅代替。就像電影《遺願清單》中講述的故事一樣：一個富有的白人生病了，轉移到了臨終病房。在這裡，他遇到了一個貧窮的黑人，在聊天的過程中，突然聊起了未完成的心願。富有的白人決定資助黑人，陪他一起完成了那些想要做的事情，兩個人逐漸忘記了死亡的恐懼。

在生活中，學會接納自己的負面情緒很重要。如果你學會了「森田療法」，那就不會再因為各種負面情緒失去理智，從而做出讓自己後悔的事情。

暴露療法：直接正視和面對問題

心理學中有一種「掩耳盜鈴」式的消極心態，被稱為「鴕鳥心態」。有些人誤以為當鴕鳥遇到危險時牠們會將頭埋入沙堆，坐以待斃，認為看不到危險自己就是安全的。而實際上，鴕鳥的奔跑速度很快，當牠遭遇危險時，如果全力奔跑，足以擺脫天敵的攻擊。

很多人在面對突如其來的問題時，第一反應往往是逃避，但迴避問題、逃避現實，只能令自己處境更加糟糕，這種逃避行為也是促使自卑心理產生的一大因素。當一個人遭受外界不客觀的評價時，在不斷逃避中會潛移默化地產生否定自我的想法，形成大眾眼中的自卑性格。

「暴露療法」也被稱為「滿灌療法」，是一種讓人直面內心恐懼的場景、思想或記憶的行為療法，在心理學上多用於個體性格層面的突破，屬於比較有衝擊力的心理治療方法之一。這種療法必須將習慣性逃避者置身於一個可控治療的環境中，讓他重新體驗曾經產生畏懼感的經歷。其目的是，為了使患者意識到自己所恐懼的不是真實存在，只是內心虛構的一種假像。

比如一個女子在過隧道時遭遇了搶劫，從而對過隧道產生了畏懼心理。她每次回家時，只有避開隧道，繞道而行，才能緩解內心的焦慮情緒。而「暴露療法」就是要求她每次回家時，一定要途經這條隧道，通過多次的平安無事，來降低內心的焦慮感，消除對隧道的畏懼情結。

「暴露療法」分為實景暴露和想像暴露，在不給患者進行放鬆訓練的前提下，讓患者直接進入最恐懼、焦慮的情境中，以直面的方式迅速校正病人對恐怖、焦慮的錯誤認識，並消除習慣性逃避行為。實景暴露是指直接將習慣性逃避者帶入他所畏懼的情境中，重新建立對所畏懼事物的認知；想像暴露是指讓習慣性逃避者想像使他恐懼的場面，同時，心理醫生反覆講述其中令他恐懼的細節，加重他的焦慮感，一旦他想像中的結果沒有發生，焦慮情緒就會自動消退。

人們有時候會將「暴露療法」與「脫敏療法」相比較，脫敏療法是從放鬆的狀態逐漸引入產生焦慮的對象，思想或情景，從最小的恐懼心理開始，是由緩至急的過程，而暴露療法採取直接面對恐懼情景。

當然，暴露療法也可以採取激進或漸進方法。激進療法中，可能讓習慣性逃避者每兩小時就暴露於恐懼場景中一次，漸進療法面對痛苦刺激的時間則較短。兩者的區別主要體現在時間長短與施行頻率上。

「暴露療法」的基本原則就是消除恐懼者與恐懼點之間的條件性聯繫，然後靠自己慢慢走出心理障礙。

很多內心脆弱的人都有過同樣的認知：逃避問題的做法表面上可以讓人免於焦慮情緒，但實際上會在無形中加重內心的恐懼。避免逃避最有效的辦法就是直面那些場景，對於那些畏懼的場景，你已有意迴避多年，如果讓人直接面對它們，難以取得相應的效果。所以，暴露療法也可以分為若干小步驟，不需要一開始就面對最害怕的場景，從某些小的地方入手，循序漸進。

阿米爾・汗主演的《印度暴徒》中有一段台詞：「**每個人生命中，都至少有一次機會能夠讓他正視自己的弱點和缺點，要去克服它們，與自己軟弱的天性相抗爭。人生本來就是超越自我，這樣才能成就更好的自我，這就是我的信念。**」正是這種敢於直面問題的品質，讓主人公隨著事情發展而不斷改變想法，每一次改進都會使事情發展更順利。

研究表明，直接暴露在所逃避的情景中，要比其他任何非行為療法，如認知療法、藥物療法等都有效。所以要想克服習慣性逃避，你就必須先直接面對它，特別是當這種直面問題的方法能被系統使用時，療效將更為顯著。最關鍵的問題是暴露治療效果不會在一段時間之後就消失，所以當我們從虛擬場景中戰勝自我，接著在現實恐懼場景中取勝時，逃避行為才會被徹底擺脫。

如果真的想完全擺脫習慣性逃避，需要做好以下準備：首先，鼓起勇氣面對迴避多年的情景，並忍受進入場景時的各種痛苦和不適；其次，把暴露治療堅持下去，即使中間可能出現挫折，但必須堅持，一般來說可能要持續六個月到兩年的時間，如此長的時間更需要充足的心理準備；最後，當你下決心花一到兩年的時間用於暴露治療，肯定能從習慣性逃避中走出來。

有一個深入內心的心理訓練，將自己最深刻的經歷寫在紙上，寫完以後就算訓練完成。看起來似乎是沒有意義沒有結果的訓練，而事實上，當一個人安安靜靜與心靈對話，挖掘出那個深埋心底多年，甚至已經遺忘，或有意識去忘記的事情時，這個過程已經在幫助解決問題了。

暴露問題不是故意給自己找不痛快，而是有了問題不逃避，很多恐懼正是因為生活中的問題積壓在心裡所致。逃避終究躲不開自己，所以不要害怕暴露問題，要敢於去試，去說去做，去面對去解決，最終收穫成長。

傾訴療法：把你的恐懼說出來

在現實生活中，遇到令人感到煩惱、恐懼的事情是在所難免的。如果我們選擇對其視而不見，那麼，日復一日積累的情緒就像堤壩裡的蓄水，一旦得不到有效的宣洩，只進不出，終有一天會釀成決堤崩潰的後果。而傾訴，是一種排解內心情緒的最佳方法。

「傾訴療法」也被稱為「疏泄療法」，是最常見的心理治療方法之一。其基本原則是讓患者將積壓在內心的負面情緒傾訴出來，以減輕或消除心理壓力，避免因長期累積導致情緒崩潰。心理學家表明，「傾訴療法」不僅對神經症、心因性精神障礙、情緒反應等精神疾病有良好的治癒效果，甚至對正常人的心理問題有著極大的幫助。當個體遭遇嚴重創傷後，內心可能會受到負面情緒的干擾，而傾訴在一定程度上能夠維持心理的健康狀態。

《長著驢耳朵的國王》講述了這樣一個故事：

有一個富裕的王國，國王深受百姓的愛戴，但他有一個不為人知的煩惱，就是耳朵越來越長。王國內只有國王的理髮師知道國王長著一對驢耳朵的秘密，但他被國王命令不准將這件事洩露出去。

日子一長，理髮師發現這個秘密積壓在心中十分難受，可是，他擔心自己洩露秘密後會被國王處死。於是，他在地上挖了一個大洞，每天對著洞口狂吼：「皇帝長了一雙驢耳朵。」在一通發洩之後，他的心情變得暢快了起來。

相關研究表明，傾訴是緩解恐懼焦慮的良藥。當我們因焦慮或恐懼備受煎熬時，不妨嘗試著與他人傾訴一下內心的煩惱。當向他人傾訴時，需要從多方面考慮，如傾訴的場所、傾訴對象、對方是否願意聽、是否能夠保守秘密等。在傾訴對象的選擇上，我們一定要選擇經歷比我們豐富的人，因為他們能夠以過往的經驗對我們進行開導。比如婚姻上的問題，可以詢問父母；工作上的問題，可以詢問年長的朋友或學長、學姐。

統計表明，女性的平均壽命要比男性高三四歲，除了男性面對生活的壓力比較大等原因之外，或許也有一部分原因是既有的文化氛圍的影響，很多男性覺得應該「男兒有淚不輕彈」，有苦有累也不說，從而內心的壓力也越來越大。這樣的話，倒不如像許多女性那樣，時常絮叨絮叨的好。

「傾訴療法」，雖然注重「說」，但不一定要將他人作為宣洩情緒的「垃圾桶」，它更多強調的是一種傾訴和宣洩，我們也可以通過其他方式進行傾訴。

1. 自言自語

心理學家表示：「和自己說話是最安全的發洩方式。」我們對自己說話一樣能夠達到宣洩的目的，像在教堂中面壁的懺悔者，在寺廟中念念有詞的祈福者，都是在對自己傾訴的過程中獲得解脫。

心理學家研究發現：當你試著與自己傾訴時，心理上也會出現一種應激反應，中和不良情緒。與向他人傾訴相比，向自己傾訴能夠為我們保留更多的私人空間。因此，當我們無法選擇恰當的傾訴對象時，不妨試著和自己說說心裡話。

2. 向寵物傾訴

寵物是絕佳的「情緒垃圾桶」，更是認真的聆聽者。同時，牠們不會影響你的判斷力，而且，能夠永遠為你保守秘密。

心理學家認為，寵物對人的心理安慰效果，有時比人類傾聽者更好。牠們還可以通過一些肢體動作給你一些安慰，讓你感到舒心和放鬆，比如舔你的手。相關研究發現，面對寵物，女人更容易暴露內心的脆弱，甚至放聲大哭。

電影《老炮兒》中，男主人公張學軍的兒子離家出走，雖然他嘴上說著不管孩子，心裡卻無時無刻在掛念著，但是別人問起時，他從不傾訴內心這份擔心。他唯一的傾訴對象就是那隻名叫「波兒」的鸚鵡。

3.將煩惱寫出來

「將煩惱寫出來」是美國心理協會向全美國的白領推薦的最佳解壓方法。心理學家表示：「**很多時候你感到煩惱，是因為大腦中積蓄了太多不準確、不完整、缺乏理智的負面資訊，大腦的思維不足以緩解。當你將心中的煩惱寫成一篇日記時，你就會發現，令你感到煩惱的事情已經不再像之前一樣嚴重。**」

美國金融公司經理伍德亨先生能夠取得輝煌成就，得益於年輕時養成了調整情緒的習慣。當時他還是一個小職員，經常受到同事們的輕視，後來他忍無可忍，決定離開公司。臨行前，他用紅墨水把每個人的缺點都寫在紙上，把他們罵得體無完膚，罵完後怒氣消去，他選擇繼續留在公司。此後，他總是把滿腹牢騷用紅墨水寫在紙上，立刻感覺輕鬆不少。後來，同事們知道這件事後都覺得他有涵養，上司也對他青睞有加。

除此之外，類似於減壓室形式的傾訴發洩也具有相同的效果，如在大山溝裡大聲喊叫等。日本有些公司為了緩解員工的情緒壓力，專門設有「傾訴室」、「出氣室」，裡面放有假人、啤酒瓶、電視機等各種可以用來傾訴發洩情緒的物品。所以說，只要是能夠表達出負面情緒，讓內心變舒服的方法都可以叫作「傾訴療法」。

傾訴，可以讓我們撥開心靈的迷霧，讓內心的陽光顯露出來；傾訴，也可以讓我們不再那麼孤獨，哪怕對方無言以對，也是我們最堅實的依靠和信賴。

冥想療法：用正念抗擊抑鬱

心理學家發現，冥想有助於緩解抑鬱症。個體在放鬆和集中精神的過程中，通過引導正面的潛意識，能夠緩解甚至消除消極思考、反思和無法集中注意力等症狀。

抑鬱症的產生往往是一個持續的過程，患者大腦中長時間充滿了消極的思想。比如「我的生活就是一團糟」、「我覺得我做不到」……他們一般會存在一種試圖通過思考解決問題的習慣，認為只要自己足夠努力就一定能夠解決問題。然而，這種強制與問題進行對峙的方式，在一定程度上會引發焦慮或無力感，從而加劇抑鬱的程度。通過冥想，我們就能夠有意識地察覺到當下，將注意力從過度深思的漩渦中脫離出來，如此，抑鬱心理所賴以生存的消極思想就會變得弱小。就像夜晚的滿天繁星，你無法遮掩它們的光芒，但是，它們只存在於黑暗之中，當太陽升起時，它們也就消失了。

我們的思想經常處於一種無意識的游離狀態，而這種狀態很容易衍生出消極的深度思考，通過不斷關注和反思以往的失敗和悲傷，就會將情緒變得更加抑鬱。冥想能夠使個體有意識地控制自己的思想，避免陷入過度沉思或從過度沉思中解脫出來。這樣，我們就關閉了使自己不斷產生抑鬱的大門，從而使情緒得到改善。

在斯皮克・吉萊斯皮的一生中，有很長一段時間都生活在抑鬱之中。在罹患抑鬱症早期，她幾乎每天都喝得酩酊大醉，臥床不起。她在回憶錄中寫道：「在我十幾歲的時候，我把飲酒當作一種自我治療的方式。」

在三十歲的時候，她在一個跆拳道課上接觸到了冥想。她說：「我們每次都會用六十秒的正念呼吸作為跆拳道課的開始和結束。」這種以正念抗擊抑鬱的治療方式，使她的生活發生質的改變。於是，不久之後，她的日常生活中就出現了瑜伽項目，同樣，每一次的瑜伽都會以一種引導式的冥想結束。當她感受到正念為自己帶來的變化，她將正念練習的時間從五分鐘變為了更長時間。她說道：「我增加了自己的練習安排，現在最長時間長達兩小時。」

吉萊斯皮在每次醒來之後，都會穿著睡衣坐在墊子上開始冥想，關注自己的呼吸和身體感受，當抑鬱的情緒出現之後，她會將注意力拉回來。她在回憶錄中描述了冥想的感受和效果：「這給了我一天的良好開始，正念練習會讓我產生一種感覺：我很好、我很好、我很好，它會產生一種非常平靜的效果，並且會持續一整天。」

美國哈佛大學醫學家赫伯物・本林說：「**一個人身心過分緊張，會削弱體內免疫系統的機能，冥想帶來的完全鬆弛，會減輕身體的緊張，是防治許多疾病的有效方法。**」

那什麼是冥想？臨床心理學家溫蒂・哈森坎普解釋為：以一種特定或有意識的方式使用思想。而冥想療法就是通過有意識地注重呼吸、身體感覺等方面，來擺脫負面情緒帶來的影響。

哈森坎普在評估了一百四十二項臨床試驗，對超過一萬兩千名具有各種心理和行為狀況的參與者進行分析後，得出了一個結論：正念冥想與常規療法一樣有效。他解釋說：「這意味著，對那些猶豫不決或想要避免藥物副作用的人來說，正念冥想可以作為抗抑鬱藥的替代品來嘗試。」美國約翰霍普金斯大學的學者，也通過對超過三千五百名患有壓力、毒癮、抑鬱、焦慮等病症的病人進行研究，證實了正念冥想帶來的效果。他們表示，**每天進行三十分鐘的冥想會顯著減少焦慮和抑鬱的狀況。**

正念冥想不僅能夠緩解抑鬱症，一項醫療調查顯示，正念冥想療法對老年性高血壓、冠心病、神經衰弱等疾病，也有著一定的治癒作用。即使身心健康的人也能夠通過冥想獲得裨益。冥想有利於大腦的左右腦平衡，消除疲勞感，保持人的機體健康。

從康復醫學角度來看，冥想能夠促進人體肌群的協調。在冥想過程中，無論選擇什麼樣的姿勢，都要求注意力高度集中，如此一來，使維持姿勢的肌群達到鍛煉的效果，尤其是平時不容易使用的核心肌群。

總而言之，正念冥想不僅能夠幫助我們緩解焦慮和抑鬱等心理疾病，還能起到提高免疫力、鍛煉身體的健身效果。

隨著高壓人群數量逐漸增多，冥想逐漸成為更多人放鬆減壓的新選擇。很多城市開設了專門的冥想課程，更多的人也開始關注自己的身心健康，很多名人都是冥想的愛好者和獲益者。

那我們該如何進行冥想呢？舉一個例子，當你在感受自己的呼吸時，會專注於胸腔上下起伏的感覺。在這個過程中，你的思緒會不自覺地轉移到其他事情上，然後，你需要將注意力再次轉移到感受呼吸上。這個過程，就是一個簡單的冥想。

在冥想的過程中，我們要注意的是，我們一旦出現其他的思緒，如生活中的某一個片段、以往的痛苦經歷等，儘量不要控制自己的想法，因為，逃避和抗拒也是一種關注。而且，對於突如其來的思緒，我們要避免做出任何的分析和評價，讓這些思想自然而然地流走，才不會受到它們的影響。

ＯＨ卡療癒：擁抱內心的感受

ＯＨ卡在心理學上被稱為「潛意識圖像卡」，它是由德國心理學碩士莫里茲・艾格邁爾和墨西哥裔藝術家伊利・拉曼共同創作的一種「自由聯想卡」及「潛意識投身」系統，包括八十八張文字卡和八十八張圖像卡。ＯＨ卡能夠幫助我們挖掘自身的潛意識，擁抱內心的真實感受。

潛意識在心理學上被解釋為人類心理活動中未被察覺的部分，也可以理解為個體在無意識中做出的行為。因此，我們經常會由於自身的某種行為而感到莫名其妙。舉一個簡單的例子：天氣很熱，你打算去買一瓶汽水解暑，然而，你走進超市之後買了一支冰淇淋，在吃冰淇淋的過程中，你會突然想起自己原本是打算買一瓶汽水的。這就是因為在你的潛意識中，對冰淇淋的渴望要大於汽水，但你並沒有察覺到這種想法。很多時候，我們由於某些原因會將某種渴望壓抑在內心深處，由於感覺不到這種渴望的存在，就自認為對某方面並沒有需求。

而ＯＨ卡能夠幫助我們捕捉到這些平常不容易被察覺的想法，從而提高我們的自我察覺能力。ＯＨ卡中每一張卡片的圖像，都構圖粗糙、線條隨意，給人一種模糊的感覺，它的運用源自心理投射技術。在心理學上，「投射」一詞被解讀為個體將自己的思想、態度、願望等個性特徵，無意識地反應於外界事物或他人的一種心理作用。

瑞士精神科醫生羅夏曾做過一項非常著名的人格測驗，被稱為「羅夏墨蹟測試」。這項測試便是運用了心理投射，通過被測試者觀察墨蹟圖片給出的聯想結果，對他們進行人格診斷。

羅夏將十張精心設計的墨蹟圖按照一定的順序排列，通過「你覺得它是什麼」、「它可能是什麼」、「看到它你能想到什麼」等問題，要求被測試者對其觀察後進行描述。而事實上，這些墨蹟圖只是一個對稱圖形，毫無意義。

被測試者在觀察圖片，並講述圖片上的內容時，會將自己的心態投射進情境之中，在不知不覺中暴露出自己的真實心理。回答的內容能夠從側面反映出被測試者不同的精神狀態。比如一個人多次將圖片解讀為與死亡有關的事物，像死亡的動物、動物身上的毛皮、人的血液、頭骨等，這就意味著他內心充滿了抑鬱和厭世的心理，具有自殺的傾向；一個人患上了焦慮症，並無法找到病因，他在進行羅夏測試後，將圖片解讀為大腿、胸脯等帶有性意識的事物，這就表明他是因自身性功能存在問題而出現的焦慮。

「ＯＨ卡療癒」通過利用ＯＨ卡，挖掘內心的真實想法，從中洞察到真實的心理動機，從而更好地解決所面臨的問題，實現自我的心靈療癒。

在使用ＯＨ卡時，我們需要知道每一張卡片都沒有固定的意義，需要我們自由聯想和創造，並在敘述過程中避免內心的習慣性判斷，相信自己的直覺，來表述自己真實的內心感受。在使用ＯＨ卡之前，我們一定要處於安靜舒適的環境中，將自己的注意力集中在自己想要分析的問題上，以便更好地與ＯＨ卡進行連接。

將ＯＨ卡打亂，背面朝上，攤開成弧形，我們可以憑直覺抽取卡片，並捕捉見到圖片時腦海中閃過的畫面、語言和情緒感受等。通過提問的方式，展開探索。當我們抽到卡片時，可以詢問自己「在這個畫面中，你在哪裡？或者畫面中的人物是誰？」、「畫面中的人物與你是什麼關係？」、「講一段話或編一個故事，將畫面中的內容和文字穿插進去。」、「這張卡片的內容與你當下的困惑有什麼聯繫？」等等。在結束時，我們可以詢問自己「現在的心情如何？」、「你對自己的困惑有什麼新的認識？」、「你還願意抽嗎？」等等。

舉一個例子，以ＯＨ卡其中的一張為範本：

「在這張卡片中，你看到了什麼？」

「我看到了一個中年男子坐在吧台喝酒，酒保在幫旁邊的人下單。」

「你想像一下，這張卡片講了一個什麼樣的故事？」

「中年男子在下班之後，感到十分辛苦。於是，他來到了自己熟悉的酒吧喝酒，旁邊的椅子可能是有人剛剛離開或還沒有來。」

「你認為是什麼人剛剛離開或還沒有來？」

「應該是和他十分親近的朋友。」

「你認為他現在是一種什麼感受？」

「我覺得中年男子應該壓力很大，而獨自飲酒能夠讓他感到放鬆，只不過一個人喝酒似乎有點落寞。」

「在生活中，你是否有這樣的感受？」

「在上學的時候，每一次入學時，我都沒有太多熟悉的朋友。所以，很多時候我都是一個人吃飯、上課、回家。雖然，我知道自己的獨立性很強，但是仍然會感到孤獨，希望有人能夠陪伴自己。」

卡片本身並沒有任何意義，我們面對OH卡的所說所講，在很大程度上是內心隱藏需求或渴望的外在顯現。OH卡能帶給我們更多的引導和啟發，如果我們憑空詢問或編撰故事，都會令我們無法看清自己的全貌，而OH卡可以在很大程度上幫助我們接近內在世界，擁抱內心的真實感受。

行動療法：恢復活力的身體將你帶離痛苦

眾所周知，運動有益於身體健康，其實運動對心理健康也有著不容忽視的積極影響。運動有助於獲得良好的情緒，而且恢復活力的身體會將你帶離痛苦。

網路上曾經有一篇名為《陳年：湊熱鬧的公司都會煙消雲散》的文章，在文章中，提到了在凡客公司轉型時期，即將面臨失敗，包括凡客的老總陳年在內的所有人都動搖了。

甚至，因為過多的壓力，陳年的身體健康狀況搖搖欲墜。然而，他最終堅持了下來。讓他堅持下來的原因有兩點：一個是雷軍的無條件支持，另一個就是跑步。

對於跑步，陳年曾說：「在那段時間，每天堅持跑步對於我的幫助很大。我每天都要跑十公里以上。在這個過程中，釋放的多巴胺極大地穩定了我的情緒。

當你一旦開始跑起來，你就會發現：要麼繼續跑下去，要麼人生完蛋；要麼坐在那兒長吁短歎，要麼堅持下去，情緒就會變得健康無比。」

在《讓大腦自由》一書中，提到了「運動可以讓我們的大腦更好地去運轉」的原理：「**運動可以使更多的血液流向大腦，為大腦帶來豐富的葡萄糖作為能量，同時還會帶來氧氣吸附遺留下來的有害的東西。**」也就是說，當你在跑步的時候，你的血液會變得更加活躍，以此來刺激大腦形成新的細胞。新舊交替之後，你就會覺得大腦更加清醒。

著名小說家村上春樹在剛成為專業小說作家的時候，為了尋找靈感，每天會抽將近六十支香菸。而且，他的身體是那種易胖體質。不規律的生活和不好的生活習慣很快就把他的身體拖垮了。

為了能夠繼續做自己喜歡的事情，村上春樹開始跑步。從卅三歲開始，風雨無阻，他堅持了卅五年。每一年，他都會至少參加一次全程馬拉松，曾經獲得三點二七小時的好成績。跑步不但改善了他的身體健康狀態，而且使他在創作的時候能夠保持清醒的頭腦。

他曾在《當我談跑步時，我談些什麼》一書中寫道：「我從一九八二年的秋天開始跑步，持續跑了將近廿三年，幾乎每天都堅持慢跑，每年至少跑一次全程馬拉松——算起來，迄今共跑了廿三次，還在世界各地參加過無數次長短距離的比賽。跑長距離原本與我的性格相符合，只要跑步，我便感到快樂。在我迄今為止的人生中養成的諸多習慣裡，跑步恐怕是最有益的一個，具有重要意義。我覺得由於二十多年從不間斷地跑步，我的軀體和精神大致朝著良好的方向得到了強化。」

然而，運動對人體產生的積極影響遠不止如此。通過運動，人體內會產生一種內啡肽，內啡肽能夠進一步增強人的心理承受能力，從而使人的內心變得強大。而且，運動時，我們的注意力會集中在運動上，忽略與運動無關緊要的事情，進而使神經得到放鬆，避免長期受到負面情緒的干擾，以至於出現焦慮、抑鬱等心理狀態。

潘石屹曾公開表示：「**閒時跑步，因為有時間。忙時跑步，可以放鬆減壓。高興時跑步，讓人更高興。沮喪時跑步，讓人高興起來。**」所以，在經常跑步的人身上很難看到沮喪，他們的精神狀態往往是積極向上的，充滿了正面能量，並且能夠影響到身邊的人。

所以，「行動療法」能夠使我們的身體恢復活力，遠離負面情緒造成的傷害。針對不同的負面情緒，我們可以選擇與之相對應的運動，對負面情緒的釋放和排解起著事半功倍的作用。

針對焦慮情緒，我們可以選擇慢跑、瑜伽、游泳等運動。因為焦慮是一種以坐立不安等行為為表像的情緒，而且會影響正常的神經功能，出現流汗、心慌等症狀。針對這種狀態，我們就需要選擇一些能夠舒緩身心、平復心境的運動。

針對憤怒情緒，我們可以選擇登山、網球等運動。憤怒是一種帶有攻擊性的負面情緒，很可能會引發某種過激行為。所以，我們需要選擇一些能夠消耗大量人體能量的個人運動，用以宣洩內心的憤怒，同時，也不會對他人造成傷害。

針對緊張情緒，我們可以選擇足球、籃球等運動。這些運動項目對個人能力、團隊合作的需求度很高。而且，球場上的形勢瞬息萬變，緊張刺激，我們只有冷靜地分析雙方的優勢與劣勢，才能取得最終的勝利。這是對我們心理承受能力的一種考驗，一旦我們經受住這種考驗，就能夠在遇到困難時，不會讓緊張的情緒使自己變得手足無措。

針對抑鬱情緒，我們可以選擇跑步、羽毛球等運動。抑鬱者往往處於長期的自我封閉狀態，一旦運動專案過於複雜，就很容易使抑鬱者難以進入運動狀態，從而加深抑鬱情緒對自身的影響。所以，當我們出現抑鬱情緒時，最好要選擇操作簡單，而且具有一定強度的運動。

因此，參加體育運動，尤其是參加自己喜歡或擅長的運動，能夠在使人獲得樂趣的同時緩解負面情緒帶來的影響，從而使自己的心理狀態變得更加良好。

正念療法：覺察當下，勇敢面對

如今，我們經常處於一種高壓和步調緊湊的生活狀態中，總是不斷催促自己行動，導致無法將注意力集中在當下，不是在緬懷過去，便是在展望未來。而這種心猿意馬的狀態，往往會使我們更容易被各種情緒困擾，以至於出現焦慮症、抑鬱症等心理疾病。

《中庸》中有這樣一句話：「人莫不飲食也，鮮能知味也。」意思是：人們總是需要吃飯的，但是某一個食物的味道如何，很少有人能真正品嘗出滋味。這是因為當我們在吃飯時，總是在思考吃完飯要去哪、要去做什麼。

一行禪師在美國有一個叫吉姆的朋友。有一天，他們兩個人坐在一棵樹下，分吃一個橘子。吉姆在吃的時候，總是將一瓣橘子放進嘴裡，還沒有吃完就將另一瓣橘子送進了嘴中。這時，一行禪師說：「你應該將含在嘴中的那瓣橘子吃掉，再拿另一瓣。」

吉姆這才意識到自己正在做什麼，只有專注地吃橘子的每一瓣時，才能體會橘子的甘甜。後來，吉姆因為參加反戰運動而遭到逮捕，一行禪師擔心吉姆無法忍受監獄中的生活，便寫了一封簡短的信給他：「你還記得曾經我們一起分享的那個橘子嗎？你在那裡的生活就像那個橘子一樣，吃了它，與它合為一體。明天，一切都會過去的。」

過多的雜念往往會令人無法專注於當下，進而迷失本心，喪失原有的智慧。

而「正念」恰恰能夠幫助我們脫離這種自我迷失的困境。「正念」一詞出自佛教《大念處經》，指的是通過持續性的專注，察覺當下。美國麻省大學的卡巴金博士將「正念」運用到對焦慮症、慢性疼痛等疾病的治療中，經過反覆驗證，確認了「正念」所具備的效果。

研究表明，人一般存在兩種意識模式：一種被稱為行動模式，在日常的工作和生活中，這種意識模式佔據了我們大部分時間，用以思考、決策、行動等行為以解決遇到的問題。在這個過程中，內心脆弱或存在焦慮、抑鬱等病症的人，往往會本能地抵抗或排斥自身的負面情緒，對現實或自我進行否定；另一種模式被稱為存在模式，而在這種模式中，我們只是去察覺當下，對自身的負面情緒和自身所經歷的一切持有一種接納包容的態度，不會妄加評斷，更不會隨意改變。而「正念療法」就是通過更多開啟存在模式進行療癒的方法。

李靜剛剛拿到博士學位，進入一家公司工作。一開始，她的工作能力得到了很多人的認可，順利地完成了很多項目。她本以為自己能夠在工作上更進一步，然而，她突然發現自己出現了一些莫名的壓力，在和男同事交流的時候會不由自主地冒出很多奇怪的想法。於是，她開始變得緊張、怯懦，不敢和男同事交流，即使是工作中正常的溝通也難以進行下去。

經過一段時間的「正念」練習，她發現自己產生的莫名壓力源自母親。母親經常在她的耳邊嘮叨說，她的年齡太大了，再拖下去可能找不到對象。這種過重的嘮叨使她在與男同事交流時總是想到母親的期望，於是，她很難集中精力去面對對方。

「正念療法」使她逐漸改變了對自己情感生活的判斷，從而不再以審視的眼光去面對異性，更好地解決了她在男同事面前的緊張和焦慮的問題。

「正念療法」的原則在於不加評判地專注於當下。最簡單的方式就是專注於呼吸的練習。首先我們需要規避一切能夠干擾到自己的聲源，如手機、電視等，然後以一個最舒服的姿勢躺好或坐好，將分散的注意力集中，回到當下，體驗自己的每一次呼吸，嘗試將注意力集中在自己的呼吸上，如此往復。

在這一項練習中，我們很可能會感覺身體的某個部位出現了不舒服的情況，或者感到煩躁不安，這時，我們就要嘗試著察覺和面對這些感受，接納它們，將它們視為自己的一部分。不要刻意地迴避和壓抑這些感受，也不要去評判或責備自己。當這些感受產生時，如果我們察覺到自己習慣性對這些不良情緒抵觸和厭惡，並試圖壓制它們，我們也不需要去迴避或者改變，只做好一個內心的觀察者。而在觀察的過程中，你會發現這些感受每時每刻都在發生變化，而這些感受所引發的念頭與思維並不屬於我們。當某種情緒或念頭消退之後，我們再將注意力轉移到呼吸上，如果再次出現某種情緒或念頭，循環往復即可。

在練習過程中，出現胡思亂想的情況很正常，我們不要過於自責，甚至放棄。這是由於我們長期以行動模式作為主導的結果。當我們能夠不斷堅持正念練習，內心就會逐漸平靜下來，看清焦慮、抑鬱等情緒運作的方式，對自己產生更多的理解和關照，使自己的負面情緒得到控制。

「正念療法」能夠讓我們察覺到生活中正在發生的一切，而不會因自身習慣性的逃避和抗拒使自己深陷負面情緒中，從而更好地面對生活。

感恩療法：減少內心的焦躁

感恩是一種心存感激的行為，可以解釋為「細數你獲得的眷顧和庇護」。懂得感恩是父母教育孩子最重要的課程之一，以幫助他們樹立正確的人生觀和價值觀。而且，感恩不僅有利於個體的成長，還能使他們減少內心的焦躁，對身心健康起到積極的影響作用。

美國生物心理學家杜雷思沃密經過研究發現，無論感恩的對象是誰，感恩的方式如何，感恩心理都能夠提升一個人的幸福感，產生滿足、愉悅等積極情緒，使大腦分泌大量的催產素。而催產素具有放鬆神經系統的作用，能緩解焦慮、緊張、沮喪等心理壓力，使個體恢復心境平和的狀態。

「感恩療法」就是建立在這種生理機制的基礎之上。心理學家保羅・布洛克斯以自身的經歷詮釋了「感恩療法」所帶來的積極效果。他的妻子罹患癌症七年，在這七年中，保羅無時無刻不在為妻子的身體狀況擔憂，而妻子的豁達與感激，讓他再次感受到了生命的意義。他說道：「癌症就在我的身邊，我們知道它最終會帶來什麼樣結果，但它給了我們更多相聚的時間，我們仍然要感謝它。」

當妻子進行第三次化療時，醫生所使用的「卡培他濱」藥物使妻子疲倦、噁心等症狀得到緩解。保羅和妻子再一次感恩「卡培他濱」，甚至感恩周圍的環境、孫子的出生等上天給予的恩賜，這使得保羅體會到了深深的幸福感，從而降低了焦慮和不安的情緒，更好地與妻子享受在一起的時光。

每一個心理脆弱的人都會在自己的心裡築起一道圍牆，隔絕與外界的真實接觸，並有針對性地接收現實的資訊。這種在潛意識中過濾外界資訊的行為，往往由後天的刺激所導致，比如遭受過男性的侮辱或侵害的人，會對所有男性產生具有主觀性質的抗拒感；自卑或抑鬱的人經常會使用帶有強烈自我否定的語言與自己交流，像「你的能力太差，你從來就沒有做好過任何一件事」、「你長得太醜，沒有人會喜歡你」之類的話。然而，你有目的地接受外界資訊，會讓你只能看見自己脆弱的一面，長此以往，這種行為會強化內心的自我否定，使你變得更加悲觀。

如果想要打破這種資訊過濾的機制，我們就需要改變自己的思考方式。負面情緒的出現，在一定程度上是因為我們太過關注外界的負面資訊。通過感恩，我們能夠意識到自己當下所擁有的美好，而不僅只有外界對我們的敵意。這時，我們的思維方式就會得到轉變，就像當我們見到一個裝著半杯水的杯子時，我們會認為它是「半滿」，而不是「半空」。

心理治療專家特浦福曾說：「感恩是一劑良藥，對身體所有器官都能起正面作用；**感恩是一種不能忽視的力量之源，對身心兩方面都能施以巨大的熱量。**」

有一位老太太，一百零四歲高齡時依然耳聰目明。有人向她請教長壽的秘訣，老太太笑著回答說：「我的秘訣就是，每天花三分鐘時間來感恩。用一分鐘感恩父母、兒女以及身邊的人；用一分鐘感恩大自然給予的恩賜與寬容；用一分鐘感恩每一個平安、祥和的日子。」懂得感恩使她更容易觸摸到幸福，以一種樂觀、平和的心態來面對自己的人生。

心理學家也曾通過長期的觀察結果，印證了感恩能夠給人的成長帶來積極的影響。心理教育專家馬斯特經過長達二十年的跟蹤調查發現，一個人如果在小時候就懂得感恩，那麼他在睡眠情況、心理狀態和整體的發育水準等方面優於正常的孩子。他們幾乎不會出現抑鬱、焦躁等負面情緒，也很少參與打架鬥毆等暴力行為。而且，他們在社交方面也能做到遊刃有餘，婚姻也相對更為幸福和穩定。

在很多人心中，生活中好像並沒有值得自己去感恩的事情。事實上，他們只不過是被自我蒙蔽了雙眼，認為他人對自己的關心和愛護理所應當，認為他人對自己的尊重遠遠不夠，認為社會對自己充滿了不公……各種不如意的事情縈繞在心頭，以至於讓不滿、怨恨等負面情緒囚禁了心靈。然而，生活中一定存在著明媚的陽光，你眼中昏暗的世界，不過是你選擇躲開了太陽。

感恩其實很簡單，**我們只需要在每天晚上思考，在這一天中值得自己感激的三件事，詳細地記錄下來，體會周圍的人或物帶給你的溫暖**。我們也可以為曾經幫助過自己，而自己尚未表達感謝的人寫一封感謝信，並大聲地朗讀出來。總之，無論你是說，還是寫，或者自言自語，只要能夠讓自己意識到世界的美好，你就是在通過感恩的力量一點一滴地治癒你脆弱的心靈。

克利斯蒂安・霍爾曾經寫道：「感恩的心就像一顆從白雪皚皚的山上滾下的雪球，每轉一圈都會長大一些。誰知道它將帶你去何方？」感恩是一種高貴的品質，是一種高素質的表現，更是一種緩解焦躁、洗滌心靈的療癒方式。它將帶領我們遠離脆弱，走向內心強大的終點。

內觀療法：發現新的自我

「內觀療法」由心理學家吉本伊信首次提出，經過不斷完善，成為一種獨立的心理治療方法。所謂內觀，指的是個體通過觀察內心的真實感受，使情感發生變化，進而改變以自我為中心的認知模式。

一個人因內心的脆弱而出現自卑、沮喪等消極情緒，恰恰是由於對心中真實自我的抗拒。其實，世界並不是充滿黑暗的，只不過是我們沒有察覺到光明罷了。正如西班牙作家賽凡提斯在《唐・吉訶德》中說的一樣：「**人應該瞭解自己，而瞭解自己也是世界上最難的課題。**」

有這樣一個故事：一個乞丐總是背著一個箱子在街上乞討，累了就坐在箱子上休息。他不斷地祈求著他人的施捨，並在心中暗暗咒罵那些眼中充滿冷漠的行人。他自始至終都沒有想過打開箱子，看一看裡面究竟有些什麼。有一天，他在一個行人的建議下，打開了跟隨自己多年的箱子，發現裡面堆滿了珠寶，而他背著箱子過了很多年的乞丐生活。

現實生活中，很多人都是「乞丐」，雖然被他人的關愛包圍著，卻喪失了感受這一切的能力。他們不願直視內心的脆弱，不斷地否定自己，將自己關押在令自己感到舒適的角落，任由自卑、怨恨等情緒將自己拖入痛苦的深淵，無法解脫。而內觀，就是打開「箱子」的鑰匙，能夠打破我們為自己構建的幻象，看清真實的自我。

吉本伊信認為：「**內觀的目的在於祛除『我執』。**」「我執」可以理解為個體內心所執著的錯誤認知。比如自己天生就不討人喜歡，自己天生就不是做這一行的料等。一般來說，內心脆弱的人存在著一種矛盾心理，一方面渴望改變，另一方面懼怕改變。通過內觀，能夠使他們覺察到內心的錯誤認知，從而消除拒絕改變的心理。當一個人長期將自己置於「被害者」的立場，就會堅信自己是無辜的，從而產生怨恨和不滿的情緒，需要對方做出補償。然而，一旦他們洞察到自身的錯誤認知，就會認識到事實並非如此，從而消除內心的負面情緒，並對他人的包容與幫助產生感謝的念頭。自卑等心理也是如此，如果你見識到自己真正的力量，就不會再畏首畏尾。所以，當我們對自己有正確的認知之後，就能夠更好地接納他人和自己。另外，在內觀的過程中，我們需要通過察覺他人的關注，來印證自我認知中存在的錯誤。當我們覺察到他人對我們的愛時，就能夠喚醒被自己所遺忘的愛，對心理產生衝擊，使內觀程度得以加深。

在「內觀療法」中，情感的啟動和變化是療癒的重要組成部分。當我們對自己的人生進行再體驗時，會有目的地感受他人帶給我們的親近感和信任感，重溫過往的溫暖與幸福，進而肯定自己的價值。而且我們還能通過多角度、多層次的理解和分析，感受到因做錯事而產生的愧疚感和負罪感，改變原來的錯誤認知。

周燕在小時候經常聽到父母的爭吵，這種童年遭遇在她心中留下了難以磨滅的烙印，以至於成年之後，周燕的內心極度渴望父愛。在遭受婚姻失敗的打擊後，她患上了抑鬱症。

她一直認為自己的父親不愛自己，而在內觀過程中，她回憶起小時候的一段往事。在她三歲那年，她跟隨父親下地幹活，當她摔倒在地上的時候，父親並沒有馬上跑過去將她扶起來，而是讓她自己爬起來。她果真按照父親所說，自己爬了起來，快速地跟上了父親。

她意識到自己不過是內心不夠堅強，才會向他人渴求關愛，父親並不是不愛自己，他是希望自己懂得摔倒並不是一件大事。自己之所以會對父母和他人產生怨恨，就是因為自己的欲望沒有得到滿足。腦海中的種種回憶告訴了自己，父母無論如何爭吵，對自己的愛從來都沒有消失。

而對前夫的內觀也讓她清醒地認識到，自己與前夫並沒有真正的感情基礎，而且，自己對他的苛求，也是他離開自己的主要原因。在內觀之後，周燕終於化解了內心的怨恨，學會了用一顆平常心來看待生活。

「內觀療法」需要在一個安靜的環境中進行，為了避免外界的干擾，我們可以選擇面向房間中的牆壁，通過對個人經歷的回憶，詢問自己：別人為我做過什麼事情？我為別人做出了哪些回報？我為別人帶來了哪些麻煩？將目標從父母到同事逐一轉換，使自己重溫被愛的情感體驗，喚起內心的責任感和愧疚感，使情感波動加劇，破壞原來的認知框架，從而重新構建自我形象。

《論語》云：「吾日三省吾身：為人謀而不忠乎？與朋友交而不信乎？傳不習乎？」而「內觀療法」就是一種類似的自省過程，通過反省自己，認識到自己的不足和缺陷或肯定自我的價值，進而發現自我，洞察自我，重新認識自我。

因此，**「內觀療法」能夠幫助我們發現新的自我，使我們的心靈得到進一步的淨化與豐富，遠離脆弱心理，變得真正強大起來。**

凡不能毀滅我的，必使我強大

——脆弱心理學

作者：顏麗媛
發行人：陳曉林
出版所：風雲時代出版股份有限公司
地址：10576台北市民生東路五段178號7樓之3
電話：(02) 2756-0949
傳真：(02) 2765-3799
執行主編：劉宇青
美術設計：吳宗潔
業務總監：張瑋鳳

初版日期：2024年3月
版權授權：蔡雷平
ISBN：978-626-7369-59-3

風雲書網：http://www.eastbooks.com.tw
官方部落格：http://eastbooks.pixnet.net/blog
Facebook：http://www.facebook.com/h7560949
E-mail：h7560949@ms15.hinet.net
劃撥帳號：12043291
戶名：風雲時代出版股份有限公司

風雲發行所：33373桃園市龜山區公西村2鄰復興街304巷96號
電話：(03) 318-1378
傳真：(03) 318-1378
法律顧問：永然法律事務所 李永然律師
　　　　　北辰著作權事務所 蕭雄淋律師

行政院新聞局局版台業字第3595號 營利事業統一編號22759935

定價：340元

國家圖書館出版品預行編目資料

脆弱心理學 / 顏麗媛著. -- 臺北市：風雲時代出版股份有限公司, 2024.01　面；　公分

ISBN 978-626-7369-59-3 (平裝)
1.CST: 臨床心理學 2.CST: 精神分析 3.CST: 心理治療

178　　112019991